Eine kleine Geschichte vom Nordlicht

Eine kleine Geschichte vom Nordlicht

Serian T. Kallweit

spirit Rainbow Verlag

ISBN 3-937568-11-5

Alle Rechte beim Autor.
Nachdruck - auch auszugsweise - nicht gestattet.
Bilder: ® Serian T. Kallweit
Buchblocklayout: Andrea Vollath
Lektorat: Andrea Genslein
Coverdesign: Computer-Artwork, Hermann R. Lehner,
http://www.nisarga.de
Herstellung: Books on Demand GmbH, Norderstedt
Erstausgabe: September 2004

spirit Rainbow Verlag
Inh. Gudrun Anders
Forsterstraße 75
52080 Aachen
Telefon: 0241 / 70 14 721
Fax: 0241 / 446 566 8
E-Mail: rainbowverlag@aol.com
Homepage: www.spirit-rainbow-verlag.de

Mein besonderer Dank gilt Steed Dölger
für die liebevolle Begleitung und Schulung,
die das Fundament meines heutigen,
ganzheitlichen Weltbildes sind
und dieses Buch ermöglicht haben.
Weiterhin danke ich allen Helfern
aus der geistigen Welt,
die mir stets unterstützend zur Seite stehen.
Auch geht ein liebe- und humorvoller Dank
an die Engelwelt, die es mir ermöglicht hat,
in vielen kalten, aber nie einsamen Nächten
diese wundervollen Aufnahmen zu machen.

Inhaltsverzeichnis

1. Teil

Das Rätsel des Lichts _____ 10

2. Teil

Himmlische Antworten _____ 103

Bildinformationen_____ 143

Autorenportrait_____ 145

Seminarangebote des Autors _____ 147

Aus dem weiteren Verlagsprogramm ____ 151

1. Teil

Das Rätsel des Lichts

Tjorven war 6 Jahre alt, als sie mit ihren Eltern von Svedala im südlichen Schweden nahe Malmö nach Älvros zog. Älvros liegt etwa 900 km weiter nördlich in Mittelschweden bei Sveg, einer kleinen Ortschaft mit viel Holzindustrie, in der Tjorvens Vater eine neue Anstellung gefunden hatte. 900 km!

Tjorven konnte sich gar nicht vorstellen, wie weit weg das sein würde. Und der Abschied aus Svedala fiel ihr sehr schwer, hatte sie doch viele Freunde hier. Trotzdem fuhr sie mit großer Spannung in die neue Heimat, zumal sie das Gefühl hatte, dort etwas Besonderes zu erleben.

Außerdem würde Tjorven in Sveg eingeschult

werden; und Schule, das klang schon ziemlich aufregend!

Der Umzug im Sommer war problemlos. Freunde und Verwandte halfen, und Mitte Juli konnte Tjorven im neuen Zuhause ihr Zimmer beziehen.

Es lag im ersten Stock des schönen, roten Holzhauses mit Blick über die Wälder. Toll, endlich hatte Tjorven ein eigenes Zimmer in einem viel größeren Haus als in Svedala, wo sie sich mit ihrer Schwester Anna ein Zimmer teilen musste.

Tjorven hatte zwei Geschwister, den sechs Jahre älteren Bruder Micael und die fünf Jahre ältere Schwester Anna. Sie mochte ihre Geschwister gern, auch wenn sie als Nesthäkchen große Mühe hatte, sich gegen die beiden Älteren durchzusetzen.

Da jetzt alle Geschwister ein eigenes Zimmer hatten, würde alles viel einfacher werden, dachte Tjorven. Sie hatten jetzt noch drei Wochen Zeit, bis die Schule anfing und Tjorven und ihre Geschwister täglich mit dem Bus die 16 km nach Sveg fahren mussten.

Drei Wochen sind eine lange Zeit, dachte Tjorven, und sie freute sich, die Gegend erst einmal richtig erkunden zu können.

Älvros liegt direkt am Ljusnan, einem Mittelding zwischen See und Fluss, in dem sich vorzüglich angeln ließ. Tjorven ging manchmal zusammen mit ihren Geschwistern dorthin, die schon Erfahrung mit selbst geangelten Fischen hatten.

Dadurch, dass sie alle drei in der ersten Zeit in der neuen Heimat noch keine Freunde hatten, unternahm Tjorven viel gemeinsam mit ihren Geschwistern. Das war in Svedala selten geworden und so kamen sich die drei Geschwister wieder etwas näher.

Aber schon in der ersten Woche gesellten sich andere Kinder zu ihnen, und es dauerte nicht lange, bis alle drei Geschwister Freunde in ihrem Alter gefunden hatten. Natürlich dachte Tjorven noch viel an ihre Freunde in Svedala, aber die vielen neuen Eindrücke hier in Älvros, das große Haus, der Garten, die vielen Seen in der Gegend, die wunderschöne Natur und auch erste neue Freunde ließen sie glücklich die freien Tage genießen.

Das war sowieso das Tollste: Mitte Juli wurde es nur zwei, drei Stunden dunkel, die restliche Zeit war es hell. Weil ihre Eltern Tjorven das Eingewöhnen in ihr neues Leben so leicht wie möglich machen wollten, ließen sie Tjorven die lange Helligkeit in Mittelschweden auskosten. Das heißt, sie durfte lange aufbleiben und in der Gegend herumtollen. Weil Ferien waren, konnte sie ja morgens länger schlafen.

So verlebte Tjorven die drei Wochen bis zur Einschulung mit vielen neuen Erlebnissen und Eindrücken. Dann war es schließlich so weit: Mit großem Tamtam wurden die Schulneulinge begrüßt und Tjorven lernte alle Kinder kennen, die aus den umliegenden Dörfern Ytterberg, Remmen, Överberg - und wie die kleinen Siedlungen rings um Sveg auch hießen - kamen.

Als sie mit ihren neuen Klassenkameraden im

Klassenraum saß, hatte sie den Eindruck, dass viele nette Kinder darunter waren, mit denen sie Freundschaft schließen könnte. War Tjorven am Anfang noch ganz aufgeregt, so lernte sie schnell, sich anzupassen und zuzuhören. Überhaupt war Tjorven ein Mädchen, das den Ereignissen des Lebens neugierig und humorvoll entgegensah.

Interessant war für Tjorven die Beobachtung, dass es jetzt, wo die Schule begonnen hatte und sie nicht mehr so lange aufbleiben durfte, zunehmend früher dunkel wurde.

„Das liegt an dem Sonnenstand hier im hohen Norden", sagte man ihr. Tjorven verstand das zwar nicht, aber es war ihr auch nicht so wichtig.

Eines Tages in der Schule stellte die Lehrerin, Frau Persson, den Schülern die Frage, was das Besondere an den Jahreszeiten sei. Viele Erklärungen wurden abgegeben, und als der Winter an der Reihe war, wurden Begriffe genannt wie „große Kälte", „viel Schnee", „lange Dunkelheit" und „rutschige Gehwege".

Ein Schüler meldete sich und sagte, dass auch das „Nordlicht" typisch für den Winter sei. Frau Persson bestätigte dies, erläuterte aber, dass das Nordlicht auch im Herbst und Frühjahr gelegentlich zu sehen sei.

Tjorven konnte sich unter „Nordlicht" nichts vorstellen und fragte die Lehrerin: „Was ist denn Nordlicht?"

Alle Schüler drehten sich zu Tjorven um, verständnislose Blicke schauten sie an. „Du kennst kein Nordlicht?", fragte einer.

Frau Persson erklärte den Kindern, dass Tjorven erst kürzlich nach Mittelschweden gezogen war und im Süden, wo sie herkomme, nur sehr selten Nordlicht zu beobachten ist. Deshalb sollten die Mitschüler nicht verwundert sein, dass Tjorven Nordlicht nicht kennt.

„Wer von euch mag denn Tjorven erklären, was Nordlicht ist?", fragte Frau Persson.

Die anderen Kinder der Klasse überschlugen sich, um Tjorven zu sagen, was das Nordlicht wirklich ist. „Es ist ein Leuchten, das man nur manchmal am sternenklaren Himmel in der Nacht sehen kann", sagte ein Mitschüler. Und ein anderer: „Meistens ist es grün, selten auch rot oder violett." „Meist kommt es mitten in der Nacht, deshalb habe ich es auch erst ein paarmal gesehen", sagte Lilley, ein Mädchen, das Tjorven sehr sympathisch fand.

Frau Persson erzählte dann noch etwas von der Sonne, die nicht nur Licht, sondern auch winzig kleine Teilchen zur Erde schickt, die im hohen Norden dann die Atmosphäre zum Leuchten bringen.

Tjorven verstand das nicht so recht und konnte sich auch nicht vorstellen, wie Nordlicht aussieht. „Wann kann ich denn hier das nächste Mal Nordlicht sehen?", fragte sie die Lehrerin.

„Nun, so genau weiß das keiner", sagte sie. „Theoretisch kannst du Nordlicht in jeder Nacht sehen, in der es dunkel und sternenklar ist. Aber ob es dann wirklich kommt, na ja, das ist sicher auch Glückssache."

Tjorven nahm sich vor, von jetzt an aufmerksam zu sein, denn das, was sie da gehört hatte, wollte sie unbedingt einmal erleben.

Irgendwie hatte sie auch das Gefühl, dass sie da einem großen Geheimnis auf der Spur war! Sie wusste jetzt auch, dass Nordlicht – wie der Name schon sagt – am ehesten im Norden zu sehen sein würde. Und ihr Zimmer lag genau in Richtung Norden, das hatte ihr Vater ihr gesagt.

Voller neugieriger Spannung kam sie an diesem Schultag nach Hause, an dem sie so aufregende Neuigkeiten erfahren hatte. Beim Abendessen erzählte sie ihren Eltern und Geschwistern, was sie alles gelernt hatte, vor allem aber, dass man hier manchmal das Nordlicht sehen könne und sie ganz gespannt sei, es das erste Mal zu beobachten.

„Ja, das stimmt, hier werden wir das Nordlicht wohl hin und wieder sehen können; manche Leute sagen auch Polarlicht dazu", erklärte Tjorvens Vater.

Und die Mutter fügte hinzu: „Weißt du noch damals, Paps, ..." – so nannte die Mutter Tjorvens Vater –, „als wir meinen Bruder in Östersund besucht haben? Er arbeitet ja beim Wetterdienst dort. Er sagte uns, dass es in der Nacht vielleicht ein intensives Polarlicht geben könnte. Tjorven, du warst damals erst vier Jahre alt und schon lange im Bett, als tatsächlich das Polarlicht kam: In grünen und roten Farben leuchtete es auf und war wunderschön. – Möchte noch jemand Kartoffeln?"

„Besuchen wir Onkel Patric jetzt öfter, wenn wir näher bei ihm wohnen?", fragte Tjorven.

„Ganz sicher, Tjorven – es sind auch noch Rahmerbsen und Speckmöhren da", antwortete die Mutter. Tjorven war innerlich ganz aufgeregt. Aber die Kochkünste ihrer Mutter – die musste sie jetzt erst einmal genießen.

Tjorven wollte an diesem Abend überraschend

früh zu Bett gehen. Sie hoffte insgeheim vor dem Einschlafen, das erste Mal Nordlicht zu sehen, und schaute gebannt aus ihrem Fenster. Es hieß aber, Nordlicht kann man nur bei sternenklarem Himmel sehen. Und was sah Tjorven, als sie aus dem Fenster schaute? Nebel, tief ziehende Wolken und Regentropfen platschten auf den Fenstersims. Etwas traurig legte sie sich ins Bett und schlief ein.

Die ganze Woche über hielt sich das nasse, ungemütliche Wetter, und so sehr Tjorven sich die Sterne und damit vielleicht Nordlicht herbeiwünschte, es sollte noch nicht sein.

Auch das Wochenende war verregnet und erst Mitte der darauf folgenden Woche hörte der Regen auf. Es war jetzt Ende August und jeden Tag wurde es etwas früher dunkel.

Tjorvens Eltern hatten inzwischen alle Umzugskartons ausgepackt, die Sachen in die Schränke eingeräumt und das Haus so richtig gemütlich gestaltet. Um die Nachbarschaft näher kennenzulernen, luden sie einen Teil der Einwohner von

Älvros zu einem abendlichen Lunch ein.

Für kommenden Samstagabend war die Feier geplant und auch die Kinder freuten sich sehr darauf, denn auch die Eltern ihrer Schulfreunde würden kommen, von denen sie schon einige kannten.

Bis Samstag waren es aber noch zwei lange Tage. Als Tjorven später als sonst abends zu Bett ging, sah sie zum ersten Mal aus ihrem Fenster einen wunderschönen Sternenhimmel.

Tjorven dachte bei sich: „Oh, wie schön, so viele Sterne auf einmal habe ich ja noch nie gesehen. Der Sternenhimmel ist hier viel schöner als in Svedala. Vielleicht habe ich ja Glück und sehe heute sogar Nordlicht!"

Sie wunderte sich darüber, dass der Nordhorizont gar nicht ganz dunkel wurde, konnte sich das aber nicht so recht erklären und legte sich nach einer langen Zeit der Beobachtung in ihr Bett, ohne etwas Besonderes gesehen zu haben.

Der Freitag, als Tjorven aus der Schule kam, war ganz geprägt von den ersten Vorbereitungen für das Fest am Samstag. Nordlicht war erst einmal völlig vergessen, denn Tjorven half mit, wo sie nur konnte. Sie ging auch schon zu Bett, als es noch hell war, weil sie am Samstag gut ausgeschlafen sein wollte.

Tjorven war ganz überrascht, als zu der Feier verschiedene Eltern ihre Kinder mitbrachten. Hier in Mittelschweden gehörten die Familien viel enger zusammen, als Tjorven es aus Südschweden kannte. Die Kinder kamen einfach mit, auch wenn sie dann erst spät abends zu Bett gehen würden. Das gefiel Tjorven; sie hatte viel Spaß mit all den Kindern und war mächtig stolz, ihnen ihr eigenes Zimmer zeigen zu können.

So tollten sie den ganzen Abend herum, erzählten sich viel und schlossen Freundschaften. Timo, einer ihrer Schulkameraden, fragte Tjorven, ob sie inzwischen schon einmal Nordlicht gesehen hätte. „Nein", sagte sie, „leider noch nicht."

Timo erklärte ihr, dass es auch wegen des Wetters nicht möglich gewesen sei, Nordlicht zu sehen. „Aber schau, heute könnte es klappen, es ist völlig sternenklar draußen!"

Darauf hatte Tjorven überhaupt nicht geachtet und bemerkte erst jetzt diesen wunderbaren glasklaren Sternenhimmel, der heute noch intensiver zu sein schien, als sie ihn das erste Mal gesehen hatte.

Es war Mitternacht, als die meisten Gäste mit ihren Kindern das Fest verließen. „Du gehst am besten jetzt auch zu Bett", riet die Mutter ihr. „Wir feiern hier in kleiner Runde noch etwas weiter."

Tjorven war überhaupt noch nicht müde, aber mit einem kleinen Hintergedanken ging sie brav in ihr Zimmer. Doch sie ging nicht zu Bett, sondern setzte sich mit einem Stuhl vor das Fenster, das Richtung Norden zeigte.

Da das Haus noch hell beleuchtet war, hatten ihre Augen Mühe, sich der Dunkelheit vor dem

Fenster anzupassen. Erst sah sie nur wenige Sterne, dann schnell mehr, und nach fünf Minuten tat sich vor ihrem Fenster jener wunderbare Sternenhimmel auf, den es nur in Gegenden mit sehr sauberer Luft gibt.

Andächtig beobachtete Tjorven die hell am Firmament funkelnden Sterne. Sie schaute in alle Richtungen, die sie von ihrem Fenster aus erspähen konnte, und stellte dann fest, dass es in Richtung Horizont sehr viel heller war. Und je mehr sie dort hinschaute, desto deutlicher sah sie, dass da am Horizont ein diffuses, undeutliches, ganz sanft grün leuchtendes Band zu sehen war.

„Für einen Regenbogen ist das viel zu flach", überlegte sich Tjorven. „Außerdem regnet es nicht und es ist schon Nacht, und Regenbögen können nur bei Regen und Sonnenschein entstehen", das hatte sie bereits gelernt. Sollte dieser flache Bogen etwa das Nordlicht sein, auf das sie so lange gewartet hatte, fragte sich Tjorven.

Während sie darüber nachdachte, stieg der leuchtende Bogen langsam nach oben und wurde ganz deutlich heller. Tjorven riss die Augen auf und rief: „Das muss das Nordlicht sein!"

Gebannt schaute sie auf den immer heller leuchtenden bandförmigen Bogen, der klar sichtbar über dem Horizont stand. Tjorven wusste nicht, ob das nun alles sei und wartete gespannt auf das, was weiter geschehen würde.

Plötzlich leuchtete der Bogen, der inzwischen in einem wunderschönen Grün schimmerte, an zwei Stellen auf. Und dieses Leuchten wanderte über den ganzen Bogen von West nach Ost. Neue Stellen leuchteten auf und wanderten ebenfalls über den Bogen.

Fasziniert beobachtete Tjorven das Lichtspiel – so etwas hatte sie noch nie gesehen.

Und dann, ganz plötzlich, wuchsen einzelne Strahlen aus dem Bogen, die sich dann hoch in den Himmel erstreckten.

Diese veränderten sich, gruppierten sich zu Bündeln, leuchteten intensiv grün auf und verblassten wieder.

Tjorven war völlig sprachlos – so phantastisch hatte sie sich Nordlicht nicht vorgestellt.

Der grüne Bogen löste sich nun vollständig in Strahlen auf, die einzeln oder in Gruppen am nördlichen Himmel standen und mal schnell, mal langsam über den Himmel zogen.

Dieses Schauspiel dauerte etwa eine halbe Stunde, dann verblassten die Strahlen. Bald erloschen sie und zurück blieb wieder ein diffuser, nur noch schwach leuchtender Bogen.

Tjorven wusste nicht, was sie denken oder sagen sollte. Hundert Fragen schossen ihr durch den Kopf.

Warum hatte ihr niemand wirklich erklärt, was für ein unvergleichlich wunderbares Schauspiel Nordlicht war?

Während sie den diffusen Bogen, der nun immer dunkler und dunkler wurde und bald völlig erblasste, noch beobachtete, wurde sie von tiefer Müdigkeit erfasst. Sie kroch unter ihre Bettdecke und ihre Gedanken an das grün leuchtende Band wurden schnell von ihren Träumen abgelöst.

Am nächsten Morgen erwachte sie erst gegen 10.00 Uhr. Ihre Eltern hatten sie schlafen lassen, denn sie brauchte ja heute, am Sonntag, nicht zur Schule. Langsam stand sie auf und schaute aus dem Fenster. Der Wald war von hellem Sonnenschein beleuchtet, und was sie in der vergangenen Nacht erlebt hatte, war irgendwie weit weg. Oder war es ein Traum gewesen?

Tjorven war unsicher. Sie ging ins Bad, wusch sich und stieg die Treppe hinunter in die Küche.

„Fein, du kommst ja gerade rechtzeitig zum Frühstück", sagte die Mutter. „Wir haben heute auch länger geschlafen, weil die letzten Gäste erst sehr spät gegangen sind."

Es roch nach Kaffee und Toast und der Frühstückstisch war reich gedeckt. „Setz dich doch", meinte ihre Schwester Anna, die wohl auch gerade erst aufgestanden war.

Lächelnd nahm Tjorven Platz und aß erst einmal ein Toastbrot mit Erdbeermarmelade. „Ich glaube, ich habe heute Nacht aus meinem Fenster Nordlicht gesehen", sagte sie plötzlich.

„Ja, wirklich?", fragte der Vater, und die Mutter ergänzte: „Beschreibe uns doch einmal, was du gesehen hast."

Tjorven erzählte von dem diffusen Bogen, der dann heller und heller wurde, und von dem grünen Licht, das wundersame Formen annahm, und das sich dann in Strahlen auflöste, durch die man immer noch die Sterne sehen konnte.

„Ja, das muss Nordlicht gewesen sein", sagte der Vater. „Und, hat es dir gefallen?"

„Und wie", rief Tjorven begeistert aus „und ich wüsste gerne mehr darüber!"

Der Vater versuchte zu erklären: „Das hat mit der Sonne zu tun und irgendwelchen elektrischen Teilchen, die dorther kommen. Diese bringen dann die Atmosphäre zum Leuchten. Aber dein Onkel Patric kann dir das besser erklären, der arbeitet ja beim Wetterdienst und weiß Bescheid."

„Wann kommt Onkel Patric denn einmal zu Besuch?", erkundigte sich Tjorven. „Eigentlich wollte er schon gestern kommen, konnte dann aber doch nicht. Ich denke, wir laden ihn demnächst einmal ein", überlegte die Mutter.

„Darf ich bis dahin an den Wochenenden etwas länger aufbleiben? Ich würde sooo gerne noch einmal Nordlicht sehen", bettelte Tjorven.

Als die Eltern ihr dies erlaubten, war sie völlig aus dem Häuschen vor Freude und räumte sogar freiwillig den Frühstückstisch ab.

Der Sonntag verging mit viel Ruhe und am Montag ging's wieder zur Schule. Tjorven ging gerne zur Schule. Sie war in der Klasse beliebt und auch sie mochte viele ihrer Mitschüler.

Die Lehrerin Frau Persson war auch sehr nett, wenn sie nur nicht manchmal so schwierige Hausaufgaben aufgeben würde, an denen Tjorven am Nachmittag lange sitzen musste.

Tjorven erzählte ihren Mitschülern von ihrem ersten Nordlicht. Sie hörten zwar gespannt zu, schienen sich jedoch nicht allzu sehr dafür zu interessieren.

Es war schon lange dunkel, als Tjorven so gegen 20.00 Uhr zu Bett ging. Während sie sich schon auf das Wochenende freute, an dem sie länger aufbleiben durfte, bemerkte sie bei einem beiläufigen Blick aus dem Fenster einen hellgrün leuchtenden Bogen am Horizont.

„Das sieht ja toll aus", freute sich Tjorven und war ganz glücklich, dass sie jetzt schon ihr zweites Polarlicht sehen durfte.

Diesmal war der Bogen deutlich heller als am vergangenen Samstag. Auch war dieser Bogen mehr in Bewegung. Wie eine grün leuchtende

Schlange wand er sich über dem nördlichen Horizont.

Tjorven drückte wieder ihre Nase an der Fensterscheibe platt. Nach zehn Minuten verharrte der Bogen und wurde ruhiger. Gleichzeitig schienen Strahlen aus dem leuchtenden Band zu wachsen. Das kannte sie schon vom letzten Mal.

Dieses Mal waren es aber nur einzelne Strahlen, die ganz, ganz hoch in den Himmel wuchsen und immer heller zu leuchten begannen. Und auf einmal traute Tjorven kaum ihren Augen: Die Strahlen färbten sich oben rot, erst ganz sanft rosa, dann blutrot.

Diese Erscheinung dauerte eine ganze Weile, dann verblassten die Strahlen, und an anderer Stelle des immer noch hellgrün leuchtenden Nordlichtbandes erschienen neue Strahlen, die sich teilweise auch oben rot färbten.

Doch es schien, als ob der Himmel wüsste, dass Tjorven eigentlich schlafen sollte, denn erst schoben sich ein paar kleinere, dann immer größere und dichtere Wolken vor dieses Schauspiel, und nach wenigen Minuten konnte Tjorven kein Nordlicht mehr sehen. Schade, dachte sie, aber es war wirklich sehr, sehr schön, und das rote Leuchten ging ihr durch und durch und ganz tief in ihr Herz.

Am nächsten Morgen war Tjorven müder als sonst und sie mochte auch niemand von der vergangenen Nacht erzählen. Sie dachte an das Nordlicht und hoffte, ihr Onkel würde bald kommen und ihr alles näher erklären.

Die Wolken, die in der letzten Nacht das Nordlicht unsichtbar gemacht hatten, waren Vorboten einer langen Wind- und Regenperiode, so dass der Sternenhimmel eine ganze Weile hinter den Wolken versteckt blieb.

„Am Wochenende kommt Onkel Patric zu Besuch", sagte eines Tages die Mutter zu Tjorven. Über drei Wochen hatte Tjorven kein Nordlicht mehr gesehen. Und die Nachricht über den ersehnten Besuch freute sie sehr.

Die kommenden Tage in der Schule kamen ihr ungewöhnlich lang vor, und wie der erste Buchstabe des Apfels in Groß und Klein geschrieben wird, mochte Tjorven in diesen Tagen auch nicht mehr so recht lernen. Gut, dass ihr die Eltern zu Hause immer ein wenig bei den Hausaufgaben halfen, und sie so doch noch eine Reihe wunderschöner „As" in Groß und Klein in ihr Hausaufgabenheft malen konnte.

Onkel Patric hatte sich für Samstag angekündigt. Er wollte dann eine Nacht bleiben und am Sonntag nach dem Frühstück wieder nach Östersund zurückfahren. Tjorven konnte sich an ihren Onkel gar nicht recht erinnern. Zu lange war es her, dass sie ihn das letzte Mal sah. Und da war sie ja auch noch sooo klein gewesen.

Sie freute sich, als am Samstagmittag ein verschmitzt dreinschauender Mann, ungefähr im Alter ihrer Mutter, vor ihr stand und sie mit den Worten begrüßte: „Hallo Tjorven, ich bin dein Onkel Patric. Was habe ich gehört, du möchtest eine Nordlichtexpertin werden?" Dabei stand ein nettes Lächeln in seinem Gesicht.

„Ja, hallo Onkel Patric", Tjorven war fast ein wenig sprachlos. „Ja, ich würde gerne mehr über das Nordlicht wissen, denn ich bin ganz begeistert davon." – „Na, wir werden nach dem Mittagessen sicher Zeit finden, uns darüber zu unterhalten."

Zur Feier des Tages gab es Elchgulasch mit Preiselbeeren, Nudeln und Salat. Tjorvens Vater hatte durch seine Arbeit in der Holzindustrie guten Kontakt zu den Waldarbeitern, und da gab es schon mal einen saftigen Elchbraten für die Familie. Als Nachspeise verwöhnte Tjorvens Mutter die Familie und den Onkel noch mit Vanilleeis und selbst gesammelten Blaubeeren.

Nach dem Essen wartete Tjorven ungeduldig auf den Onkel, mit dem sie in den Wintergarten gehen und ihn ausfragen wollte. Doch die Mutter bat: „Warte noch ein paar Minuten, denn wir Erwachsenen möchten nach dem Essen zusammen noch einen Kaffee trinken."

Was Tjorven nicht wusste, war, dass die Eltern Onkel Patric schon viel über Tjorvens Nordlichtbegeisterung erzählt hatten, und der Onkel ihren Eltern sagte, dass in der kommenden Nacht mit einem besonders starken Nordlicht zu rechnen sei. Deshalb schlug Onkel Patric den Eltern vor, mit Tjorven zu einem hoch gelegenen Aussichtsturm zu fahren, um das erwartete Polarlicht besonders gut sehen zu können.

Der Onkel gab aber zu bedenken, dass ein

solcher Ausflug eventuell die ganze Nacht dauern könnte. Er wolle sich aber gern um Tjorven kümmern, einen großen Picknickkorb mitnehmen, und Tjorven könne auch in seinem Auto im Schlafsack schlafen.

Nachdem die Eltern dies alles mit Onkel Patric besprochen hatten, riefen sie Tjorven zu sich, die sogleich fragte: „Kann mir Onkel Patric jetzt alles über das Nordlicht erzählen?"

„Nun", fing Onkel Patric an, „ich mache dir einen Vorschlag: Was hältst du davon, wenn wir beide heute am frühen Abend zu einem Aussichtsturm fahren, von dem aus man das Polarlicht besonders gut sehen kann? Dann haben wir viel Zeit und ich kann dir alles, was ich so weiß, erzählen."

„Das wäre ganz toll", rief Tjorven voller Begeisterung und klatschte in die Hände.

„Du musst aber wissen", gab die Mutter zu bedenken, „dass ihr fast zwei Stunden mit dem Auto dorthin fahrt und vielleicht die ganze Nacht dort bleibt. Du musst dich also sehr warm anziehen und vorsichtshalber deinen Schlafsack mitnehmen, falls du müde wirst. Auch wäre es gut, wenn du dich jetzt noch etwas zum Schlafen hinlegst."

Tjorven fühlte sich wie kurz vor Weihnachten und als Onkel Patric noch sagte: „Weißt du, Tjorven, heute Nacht rechnet man mit einem ganz besonderen Polarlicht", wollte Tjorven sich sofort schlafen legen, um abends auch ja fit zu sein.

Die Eltern und der Onkel lächelten einander zu und Tjorven verschwand in ihrem Zimmer. Obwohl sie sehr aufgeregt war, gelang es ihr, ganze zwei Stunden zu schlafen. Während dieser Zeit packte die Mutter ein Essenspaket für die beiden und der Onkel freute sich insgeheim darauf, selber einmal richtig Zeit für ein schönes Nordlicht zu haben.

Um diese Jahreszeit wird es in Mittelschweden gegen acht Uhr abends dämmrig und erst eine Stunde später richtig dunkel. Onkel Patric telefonierte noch kurz mit einem befreundeten

Kollegen, der sich über seinen Computer vergewisserte, dass die aktuellen Daten in dieser Nacht ein besonderes Polarlicht voraussagten. Nun war selbst Onkel Patric etwas aufgeregt.

Um halb sieben, nach einem kurzen Abendbrot, verabschiedeten sich Tjorven und ihr Onkel von den Eltern und fuhren los. Auf der Inlandstraße Nr. 45 ging es Richtung Östersund, wo ja Onkel Patric herkommt. Ziel der Reise war der Hoverberget, ein Berg bei Svenstavik, der am südlichen Ende eines großen Sees, dem Storsjön, liegt. Mitten auf dem Berg steht ein auch nachts begehbarer Aussichtsturm aus Holz, der einen komplett freien Rundblick ermöglicht. Genau das Richtige, um bei wolkenlosem Himmel Polarlicht beobachten zu können. Und der Himmel war wolkenlos!

Auf der Fahrt fragte Onkel Patric Tjorven, was sie denn schon über das Polarlicht wisse. Sie erzählte ihm alles, was sie in der Schule und von ihren Eltern erfahren hatte: Von den kleinen Teilchen, die von der Sonne kommen und dann irgendwie in der Atmosphäre leuchten, und dass man Nordlicht nur sehen kann, wenn es nachts dunkel wird, und dass es auch dann nicht jede Nacht zu sehen ist.

„Na, das ist ja schon einiges, was du über das Nordlicht weißt", sagte Onkel Patric. „Das Schwierige ist, dass Polarlicht oder Nordlicht, wie man es hier im Norden nennt, eine nicht einfach zu erklärende Erscheinung ist, besonders dann nicht, wenn man von Physik noch nicht so viel weiß." – Schließlich hatte Tjorven noch keinen Physikunterricht in der Schule.

Onkel Patric versuchte, Tjorven eine Erklärung zu geben, die sie in ihrem Alter verstehen konnte: „Diese Teilchen, die da von der Sonne kommen, kannst du dir einfach mal als winzige, ganz kleine Glasmurmeln vorstellen. Du kennst doch Glasmurmeln?" – „Ja, natürlich, wir spielen manchmal damit." „Nun, dann weißt du ja, was passiert, wenn du eine Murmel anschubst und sie dann gegen eine andere Murmel stößt." – „Ja, dann klickert es und die angestoßene Kugel rollt weiter!" Tjorven freute sich, dass sie das wusste.

„Ganz ähnlich ist es bei den Teilchen, die von der Sonne kommen. Diese stoßen gegen die Teilchen, die wir Luft oder auch Atmosphäre nennen. Auch diese betrachten wir jetzt einmal als kleine Murmeln. Bei den Sonnenteilchen bzw. Sonnenmurmeln und den Atmosphärenmurmeln entsteht aber kein klickendes Geräusch, wenn sie zusammenstoßen, sondern die Atmosphärenmurmeln leuchten dabei kurz auf. Warum das so ist, lernst du später einmal in der Schule im Physikunterricht.

Aber es hilft dir vielleicht schon, dass da oben in der Atmosphäre unendlich viele dieser Murmeln sind, und wenn dann die Sonnenmurmeln ankommen und diese anstoßen, leuchten die Atmosphärenmurmeln auf, und zwar so viele, dass man sie gar nicht zählen kann. Und das, liebe Tjorven, kann man dann als Nordlicht sehen!"

Diese Erklärung leuchtete Tjorven durchaus ein.

Doch sie fragte nun: „Und wie entstehen die verschiedenen Farben des Nordlichtes?" – „Tja, das liegt daran", versuchte der Onkel zu erklären, „dass die Luft aus verschiedenen Teilchen bzw. Murmeln besteht. Und diese unterschiedlichen Murmeln der Atmosphäre leuchten in jeweils anderen Farben auf, wenn sie angestoßen werden. Je nachdem, wie viele Murmeln von der Sonne kommen und wie schnell diese sind, werden in verschiedenen Höhen der Atmosphäre verschiedene Murmeln zum Leuchten gebracht. Das gibt dann die unterschiedlichen Farben."

Das war für Tjorven doch recht schwer zu verstehen. Aber das mit den unterschiedlichen Teilchen bzw. Murmeln, aus denen die Luft besteht, konnte sie sich schon vorstellen.

„Warum kann man Polarlicht nicht überall auf der Erde sehen?", wollte sie jetzt wissen.

„Hm, auch das ist nicht ganz einfach zu erklären", überlegte Onkel Patric. „Sieh mal, unsere Erde hat nicht nur eine Atmosphäre, die aus Luft besteht, sondern auch eine Art Schutzhülle, die man ‚Magnetosphäre' nennt. Und die liegt ganz weit außen um unsere Erde herum. Die meisten Teilchen, die von der Sonne kommen, werden von dieser Schutzhülle – der Magnetosphäre – um die Erde herumgelenkt und gelangen so gar nicht in die Atmosphäre. Aber hoch im Norden und im Süden unserer Erde hat diese Schutzhülle so etwas wie zwei Löcher. Da können nun einige der Sonnenteilchen eindringen. Dann werden sie in komplizierten Prozessen, die auch heute noch nicht restlos geklärt sind, innerhalb dieser Schutzhülle hin und her geworfen und dringen schließlich in die Atmosphäre ein, und zwar nur in den nördlichen Bereichen der Erde, der Arktis und der ganz südlichen Region, die man Antarktis nennt.

Diese vielen neuen Begriffe sind für dich noch zu kompliziert, deshalb merke dir einfach: Unsere Erde hat eine Schutzhülle und die hat hoch im Norden und tief im Süden jeweils ein Loch. Deshalb können die Sonnenteilchen nur im Norden und im Süden in die Atmosphäre eindringen und dort die Murmeln zum Leuchten bringen. Kannst du dir das vorstellen?", fragte der Onkel.

„Ja, ich denke schon", entgegnete Tjorven. „Das ist ja eine ganz schön komplizierte Sache mit dem Nordlicht!"

„Jetzt muss ich dir aber auch noch erklären, warum wir heute mit einem besonders intensiven Polarlicht rechnen können", fuhr Onkel Patric fort.

„Sieh mal, die Sonne schickt ständig einen Strom dieser Teilchen zu uns und diesen Strom nennen wir ‚Sonnenwind'. Diesen Sonnenwind kannst du dir vorstellen wie unseren Wind auf der Erde und auch dieser Sonnenwind ist unterschiedlich stark. Manchmal – eher selten – wenn es wie gestern auf der Sonne eine Explosion gegeben hat, wird dieser Sonnenwind zu einem richtigen Sturm, so dass dann viel, viel mehr Teilchen von der Sonne Richtung Erde fliegen und auch viel, viel schneller. Und wenn diese vielen und schnellen Teilchen hier bei uns in der Atmosphäre ankommen, dann gibt es besonders intensive Polarlichter, die meistens auch weiter südlich zu sehen sind als das normale Polarlicht. So gab es auch schon in Svedala, wo du ja geboren bist, intensives Polarlicht, das du aber nicht sehen konntest, weil du als kleines Kind ja schon geschlafen hast."

Diese Vorstellung gefiel Tjorven, dass sie manchmal in Svedala geschlafen hatte, während über ihr ein tolles Polarlicht tobte. „Und heute soll es so ein ganz tolles Polarlicht geben?", fragte sie Onkel Patric.

„Ja, man kann das Entstehen eines besonderen Polarlichtes am Computer verfolgen. Dein Papa hat auch einen Computer zu Hause, den hast du sicher schon gesehen. Damit ist es möglich zu erfahren, wie stark der Sonnenwind ist. Das ist schon eine ganz tolle Sache! Bevor wir losgefahren sind, habe ich noch mit meinem Freund Martin telefoniert und der hat bestätigt, dass der Sonnenwind zurzeit sehr kräftig bläst. Um ganz ehrlich zu sein, ich bin selber ein bisschen aufgeregt. Zwar habe ich schon oft Polarlicht gesehen, doch so eine ganze Nacht, wie jetzt mit Dir, habe ich mir dafür noch nie Zeit genommen."

Während sie sich unterhielten, fuhren sie weiter nach Norden. „Wann sind wir da?", wollte Tjorven wissen.

„Jetzt ist es nicht mehr weit", antwortete Onkel Patric. „Gerade sind wir an einem Schild vorbeigefahren ‚Svenstavik 15 km'. In einer viertel Stunde sind wir da."

Svenstavik ist ein kleines Städtchen, in dem es wie in Sveg auch viel Holzindustrie gibt. Von dort führt eine Straße zum Hoverberget, jenem Berg, der auf einer Halbinsel in den Storsjön ragt. Vom Storsjön, dem lang gezogenen See, der bis Östersund reicht, wird gesagt, dass in ihm ein nettes, urzeitliches Ungeheuer leben soll. Ob das stimmt, weiß keiner so recht.

Um die Halbinsel Hoverberget führt eine Ringstraße, von der ein schmaler Weg mit vielen Kurven bergauf geht. Oben auf dem Berg gibt es eine Sendestation mit einem schmalen Turm, an dessen Spitze eine rote Lampe leuchtet. Damit werden Flugzeuge in der Nacht gewarnt, nicht zu tief zu fliegen. Etwa 200 m von diesem Sendeturm entfernt steht ein alter Holzaussichtsturm, auf dessen Wände ein Fabelwesen gemalt ist. Es soll das nette Wesen darstellen, das im Storsjön lebt. Innen im Turm führt eine Treppe bis oben zur Aussichtsplattform. Auf der Plattform steht man höher als alle Baumwipfel ringsum; nur der rot leuchtende Sendemast in nord-westlicher Richtung ist etwa gleich hoch.

Onkel Patric fuhr vorsichtig die kurvige Straße den Berg hinauf. Neben dem Aussichtsturm gibt es ein Café, das um diese Jahreszeit und erst recht um diese Uhrzeit geschlossen ist. So konnte Onkel Patric direkt neben dem Turm parken.

Als Tjorven und ihr Onkel den Wagen verließen, war es bereits sehr dämmrig. Es war kurz vor acht Uhr abends. Onkel Patric schaute in den völlig wolkenlosen Himmel, fing an zu schmunzeln und fragte: „Fällt dir etwas auf, Tjorven?"

Tjorven schaute lange in den Himmel direkt über ihr und sagte: „Ja, ich sehe zwei Sterne, nein, drei, ach, und da ist auch noch einer!" – „Und sonst nichts?" - „Hm, ja, da sind ein paar ganz leichte Wolkenschleier. Oh, jetzt sind sie auf einmal weg, aber dort sind jetzt welche!"

Tjorven zeigte mal hierhin und mal dorthin. „Ja, liebe Tjorven", klärte Onkel Patric sie auf, „was du da siehst, sind keine Wolken, das ist Polarlicht direkt über dir. Es ist deshalb schwer zu erkennen, weil der Himmel noch relativ hell ist. Spätestens in einer halben Stunde werden wir es besser erkennen können. Komm, wir schauen einmal, was deine Mutti uns Leckeres zum Essen eingepackt hat."

„Na gut", Tjorven konnte kaum den Blick vom Himmel senken. Über ihren Köpfen waren ständig schlierenhafte Formen zu sehen, die diffusen Wolken ähnlich waren. Sie veränderten sich laufend, erschienen mal hier, mal dort, blieben für Minuten an derselben Stelle, während sie manchmal rasant über den Himmel zu huschen schienen.

„Marmeladenbrötchen", entfuhr es Tjorven, „wie lieb von meiner Mami, uns Marmeladenbrötchen mitzugeben." Sie hatte richtig Hunger und wandte ihren Blick vom Himmel dem Picknickkorb zu. Onkel Patric neigte mehr zu einem Schinkenbrötchen.

Tjorvens Mutter hatte reichlich eingepackt. Neben süßen Sachen, die eher für Tjorven bestimmt waren, gab es auch Räucherlachs, Forelle, Wurst, Schinken und Käse und zum Trinken Tee und Kaffee. Denn die Mutter wusste ja, dass der Ausflug die ganze Nacht dauern konnte. Es wurde während des Essens immer dunkler und Tjorven fühlte sich rundum wohl.

Bald stellten sie voller Begeisterung fest, was über ihren Köpfen passierte: Ein breites, immer deutlicher grün leuchtendes Polarlicht zog direkt über ihnen von Ost nach West. Strahlen erschienen hier und da und gaben dem Polarlichtband an manchen Stellen eine girlandenhafte, gardinenähnliche Struktur, die sich ständig veränderte.

„Oh", staunte Tjorven, „sollen wir jetzt mal auf den Turm gehen?" – „Ja, auf, lass uns das ganze Schauspiel vom Turm aus bestaunen!" Onkel Patric war selber ganz gespannt.

Eine Minute später waren sie auf dem Turm. Das Auto brauchten sie nicht abzuschließen, denn zum einen waren sie völlig allein hier auf dem Hoverberget, und zum anderen wird in den ländlichen Bereichen Schwedens das Eigentum der anderen selbstverständlich geachtet.

Auf dem Turm angekommen bot sich den beiden ein fantastischer Ausblick. Es war völlig sternenklar und man konnte auf der Plattform des Aussichtsturmes in wirklich alle Richtungen ungehindert schauen. Der Storsjön, der im Norden unter ihnen lag, spiegelte die vielen kleinen Lichter der Dörfer im See wider – ein wunderschöner Anblick, wie ihn Tjorven noch nie gesehen hatte. Und über ihnen vollführte das Polarlicht wundersame Kunststücke: Grün, intensiv grün leuchtete es. Die Strahlen, die sich immer wieder in dem Band zeigten, schienen noch etwas heller zu sein. Manchmal gab es Stellen in dem Band, die richtig hell aufleuchteten und dann über das ganze Band wanderten.

Inzwischen war es auch völlig dunkel. Die Sterne, die auch durch das Nordlicht hindurch sichtbar waren, füllten den Himmel. Sie schienen sich in den kleinen Lichtern, die sich von den Dörfern am See im Storsjön spiegelten, fortzusetzen. Diesmal sah Tjorven das Polarlicht direkt über sich und nicht am Horizont, wie kürzlich aus ihrem Zimmer.

Das breite Band über ihnen wurde auf einmal diffus, und während es in Richtung Süden wanderte, erschien im Norden ein neues Band, das sich strahlendurchsetzt in intensiv grünem Licht verschwommen im Storsjön spiegelte und die ganze Landschaft in ein geheimnisvolles grünes Licht tauchte.

Tjorven war ganz sprachlos bei diesem Anblick. „Na, warte mal ab", meinte der Onkel, „wenn so früh am Abend schon so schönes Nordlicht zu sehen ist, kann noch viel mehr daraus werden!"

Es war 22.30 Uhr und tatsächlich erst seit einer guten Stunde richtig dunkel. Für Tjorven war das natürlich schon spät, aber was sie hier sah, ließ Müdigkeit gar nicht erst aufkommen.

Der Bogen im Norden teilte sich und bedeckte den ganzen nördlichen Horizont mit grünen Strahlen und Nordlichtbögen.

Aber dieses Bild sollte noch intensiver werden. In der folgenden Stunde stiegen vom nördlichen Horizont immer wieder neue Polarlichtbänder auf und zogen langsam höher zum Zenit.

Manchmal waren drei Bänder gleichzeitig zu sehen. Das nördlichste Band, das am nächsten an den Horizont reichte, war ein oft ruhiger, strahlendurchsetzter Bogen.

Das Band davor zeigte eine deutliche Aktivität und legte sich einem Vorhang gleich in Wellen. Und das Band, das dem Zenit am nächsten war, löste sich dort in Strahlenbündeln und Fächern auf, die langsam verblassten.

Manchmal entstanden in einem Band ganz lange Strahlen, die dann unten grünlich und oben rötlich oder violett erschienen.

Während dieser ganzen Zeit veränderte der diffuse grünliche Bogen, der Richtung Süden am Himmel hing, sein Aussehen kaum. Er überließ die „Show" den vom Norden kommenden Bändern. Tjorven war völlig angetan davon, dass fast in allen Himmelsrichtungen Nordlicht zu sehen war. Sie war auch jetzt, kurz vor Mitternacht, immer noch nicht müde, aber froh, dass ihre Mami ihr warme Anziehsachen mitgegeben hatte, denn hier in Mittelschweden wurde es nachts schon recht kalt zu dieser Jahreszeit. Onkel Patric schätzte die Temperatur um null Grad, wenn nicht sogar etwas darunter. Dazu kam der Wind, der es noch kälter erscheinen ließ.

In der Tat, es wehte ein kräftiger Wind, der geheimnisvoll um den Turm pfiff.

„Schau mal in diese Richtung, Tjorven", Onkel Patric zeigte nach Osten.

Der diffuse Bogen, der in südlicher Richtung von Ost nach West über den ganzen Himmel reichte, löste sich im Osten in einem Strahlenmeer auf.

Der ganze östliche Himmel war plötzlich in Bewegung: Strahlen über Strahlen wuchsen aus dem Bogen, lösten sich wieder auf und machten neuen Strahlen Platz. Diese Aktivität zog nun ganz langsam von Osten in Richtung Zenit. Aber noch bevor diese Aktivität die Mitte des Polarlichtbandes erreichte, wuchsen auf einmal nadelfeine Strahlen aus dem gesamten Bogen. Diese feinen Strahlen wurden länger und länger und färbten sich oben rötlich ein, so dass der Eindruck entstand, ein riesiger Fächer würde am Himmel stehen.

Tjorven wusste gar nicht, wo sie überall hinschauen sollte. Etwas so Wunderschönes, etwas so Gigantisches hatte sie noch nie gesehen und auch Onkel Patric war sichtlich begeistert.

„Weißt du, Tjorven, diese Strahlen, die du hier siehst, sind in Wirklichkeit alle parallel, also nebeneinander. Du kennst das sicher von den Eisenbahnschienen, die in der Nähe eures Hauses verlaufen. Die sind auch immer im gleichen Abstand voneinander. Trotzdem sieht es für uns Menschen so aus, als ob sie in der Ferne in einem Punkt zusammenlaufen würden. Hast du das auch schon einmal bemerkt?" – „Ja, das ist mir schon aufgefallen. Besonders dort, wo die Schienen sehr lange geradeaus zu sehen sind."

„Genau", meinte Onkel Patric, „und die Strahlen des Polarlichts sind auch sehr lang. Sie beginnen in einer Höhe von cirka 80 km und reichen bis 800 km weit in den Himmel hinauf. Deshalb sieht es so aus, als ob sie auf einen Punkt zusammenlaufen. Das ist aber nur eine perspektivische Wirkung, wenn auch eine wunderschöne."

In der Tat sah es inzwischen so aus, als ob rings um den Turm die Strahlen über ihnen auf einen Punkt zulaufen würden. Die Bögen aus dem Norden vermischten sich inzwischen mit dem breiten Fächer und so gab es nun in allen Richtungen Strahlen, Fächer und Vorhänge zu sehen.

„Wenn sich ein Polarlicht so darstellt", erklärte Onkel Patric, „dann spricht man von einer ‚Korona'. Ein toller Anblick, nicht wahr?"

Tjorven nickte nur – sie war sprachlos.

Dann begann sich das Schauspiel abermals zu verändern: Plötzlich kam Bewegung in die Bänder und Strahlen. Sie hüpften auf und ab, kräuselten sich und leuchteten deutlich heller auf.

„Sieh mal, Tjorven, das Nordlicht ist jetzt so hell, dass es unsere Schatten auf den Turmboden wirft. So helles Polarlicht ist schon recht selten."

Die Strahlen über ihren Köpfen begannen, sich erst langsam und dann immer schneller zu jagen. Dabei leuchteten sie an ihrer Unterkante manchmal rosa-violett auf. Die Bewegungen wurden immer intensiver und die rosa-violetten Flächen wechselten sich mit den intensiv grünen Strahlen ab.

Voller Andacht war nun auch Onkel Patric ziemlich sprachlos. Eine intensiv leuchtende, direkt über ihren Köpfen tanzende Korona war eine wirklich beeindruckende Erscheinung, die selbst hier in Mittelschweden noch längst nicht jeder gesehen hat. Doch es ging noch weiter, denn nach einer Weile war über einem aktiven Strahlenband der Himmel in blutrotes Licht gehüllt. Durch die Bewegung und das Falten der Bänder mischten sich grün und rot zu gelb und orange.

Tjorven überlegte, ob das Polarlicht noch mehr Überraschungen für sie bereithielt. „Weißt du, Tjorven", schien Onkel Patric ihre Gedanken zu lesen, „man kann ja oft so ein normales grünliches Polarlicht sehen, doch so ein Schauspiel wie in dieser Nacht ist sehr selten." – „Oh ja", stimmte Tjorven zu, „dieses Nordlicht werde ich bestimmt nie mehr vergessen!"

Die intensiv roten Farbtöne erschienen bald in allen Himmelsrichtungen. Sie zeigten sich überall dort, wo die Strahlen des Polarlichtes ungewöhnlich hoch in den Himmel reichten. Manche gardinenähnlichen Polarlichtvorhänge leuchteten unten intensiv grün und oben dunkelrot auf. Weit über die Hälfte des Himmels war jetzt von Polarlicht überzogen.

„Wie viele Menschen da unten in den kleinen Dörfern jetzt wohl schlafen und dieses Polarlicht gar nicht sehen", überlegte Tjorven.

Onkel Patric meinte, dass Polarlicht für die Menschen im Norden eine alltägliche Erscheinung sei, vor allem das grüne Polarlicht, das oft in den ersten Nachtstunden am Himmel zu sehen ist. Was später in der Nacht am Himmel passiert, sehen viele Menschen nicht, weil sie dann schlafen. Sicher gibt es selbst im Norden Menschen, die noch nie Polarlicht gesehen haben.

Onkel Patric stellte ganz ernst fest: „Wenn ich nicht von dir und deinen Eltern von deiner Begeisterung für Polarlicht gehört hätte, wären wir jetzt sicher nicht hier und ich würde längst schlafen. Nur durch deine Begeisterung komme ich in den Genuss dieses tollen Himmelsspektakels. Dafür muss ich dir eigentlich richtig dankbar sein."

Tjorven wusste gar nicht recht, was sie sagen sollte und meinte dann: „Ich muss dir danken, dass du mit mir hierher gefahren bist auf diesen Aussichtsturm, von dem aus wir alles so gut beobachten und sehen können."

Es war jetzt 2.00 Uhr morgens. Die starke Aktivität an vielen Stellen des Himmels ging langsam etwas zurück. Von Norden her kamen zwar unablässig weitere Bögen, doch im Osten und Westen blieben bald nur diffuse Strahlen am Himmel hängen.

So langsam wurde Tjorven müde, und kalt war ihr auch. Onkel Patric merkte es und schlug vor, allmählich nach Hause zurückzufahren. Er versprach ihr, zwischendurch immer mal anzuhalten, um zu schauen, was das Polarlicht machte.

Sie stiegen vom Turm herunter und fuhren los. Doch nach kurzer Zeit rief Tjorven schon: „Oh, schau mal, wie schön da ein Polarlichtband über die Bäume lugt!" Der Onkel hielt an, und sie bestaunten einige Zeit das Polarlicht von der Straße aus.

Auf der Weiterfahrt kuschelte sich Tjorven in ihren Schlafsack.

Da Onkel Patric nach Süden fahren musste, konnte er das Polarlicht nicht mehr durch die Windschutzscheibe des Wagens beobachten. Nach einer Weile wurde aber auch er so müde, dass er nicht mehr weiterfahren wollte. Er bog in einen kleinen Waldweg ein und parkte den Wagen am Ufer eines Sees mit freier Sicht nach Westen und Norden, wo weiterhin das Nordlicht seine Bahnen zog.

„Das will ja gar nicht mehr enden", dachte er, „das ist ja wirklich selten, dass man so lange Polarlicht sehen kann." Onkel Patric überlegte, ob er Tjorven wecken sollte, doch er beschloss, sie schlafen zu lassen. „Sie hat heute Nacht schon so viel gesehen, da kann sie ihren Schlaf jetzt sicher brauchen." Und er legte sich auch zum Schlafen auf seinen Liegesitz.

Vier Uhr morgens war es jetzt. Während Tjorven und ihr Onkel tief und fest schliefen, konnten nur die Tiere, die im Wald und um den See herum nachts aktiv sind, sehen, dass das Polarlicht wieder intensiver wurde. Ganz langsam erwachten gegen 5.00 Uhr morgens die ersten Vögel, und während hier und da ein erstes Zwitschern, Glucksen und Blubbern um den See herum zu hören war, zog das Polarlicht stumm seine leuchtenden Bahnen am Firmament.

Plötzlich erwachte Tjorven. Irgendetwas sagte ihr in ihren Träumen, dass sie jetzt aufwachen sollte. Erst wusste sie gar nicht, wo sie war. Dann sah sie ihren Onkel vorne im Wagen schlafen, registrierte, dass der Wagen stand, und dann kam ihr in den Sinn, dass ihr Onkel wohl zum Schlafen eine Pause gemacht hatte. Noch sehr müde schaute sie nach draußen und war sofort hellwach. Ein wunderschöner Polarlichtbogen hing strahlendurchsetzt wie eine riesige leuchtende Gardine direkt über ihnen und dem See und verschwand hinter dem Horizont.

Leise stieg Tjorven aus dem Wagen aus – sie wollte ihren Onkel ja nicht wecken – und ging zum Seeufer, das nur wenige Meter vom Wagen entfernt vor ihr lag. Jetzt war sie ganz alleine mit sich, dem See, dem Wald und seinen Tieren und dem sich wie im Wind wiegenden Polarlichtvorhang. Weit hinauf reichten die Strahlen des Polarlichtvorhanges. Unten schimmerten sie grün und oben rosa und rot.

Immer wieder leuchteten einzelne Strahlen intensiv auf und tanzten über dem See. Sie spiegelten sich in der völlig ruhigen Seeoberfläche und zauberten damit eine Lichterzeremonie, die Himmel und See märchenhaft aussehen ließ. Dann brach der Vorhang in sich zusammen und hinterließ ein helles, grün leuchtendes Band, das langsam nach Norden zog und dadurch tiefer zum Horizont sank und sich als perfektes Spiegelbild im See abzeichnete. „Oh, wie schön", dachte Tjorven.

Und während dieser grüne Bogen langsam verblasste, entstand schon wieder ein neuer über den Hügeln rund um den See. Auch dieser Bogen überspannte bald den ganzen Himmel. Lange Strahlen schossen ins Firmament und gerade, als Tjorven dachte: „Wie schön, das wird ja schon wieder rot über dem Grün", da sah sie, dass die oberen Spitzen der Strahlen in einem tiefen Blau erstrahlten.

Dieses Blau hatte noch gefehlt. Damit konnte Tjorven in dieser Nacht Polarlichter in allen Farben bewundern!

Kurz nach 5.00 Uhr war es immer noch dunkel. Die Aktivität des Polarlichts nahm noch einmal zu und gegen halb 6 – jetzt war es kurz vor dem Einsetzen der Morgendämmerung – war wieder an vielen Stellen des Himmels Polarlicht zu sehen.

Es waren jetzt mehrere einzelne Strahlenbüschel, die hoch in den Himmel reichten. Das Rot verschwand zunehmend und wich einem hellen Violett bis hin zu einem tiefen Blau. Auch ganz einfarbige Strahlen in Blautönen gab es jetzt zu sehen.

Direkt über Tjorven formte sich aus einem zweifarbigen Fächer binnen weniger Minuten eine wunderbare Korona in sanften Blau- und Grüntönen.

Tjorven traute sich fast nicht zu atmen, so berührt war sie von diesem andächtigen Schauspiel. Sie hatte die ganze Zeit über das Gefühl, dass ihr irgendwer oder irgendwas mit diesen Lichtern erzählen wollte. Und obwohl sie jetzt ganz alleine an diesem See stand, fühlte sie sich völlig geborgen.

Die Korona veränderte langsam ihre Formen und Farben, auch Rot erschien plötzlich noch einmal.

Dann zog das Polarlicht etwas nach Osten, um eine Korona über dem angrenzenden Wäldchen zu bilden, die einen riesigen türkis-blau-grünen Fächer mit langen Strahlen durch das Wäldchen schimmern ließ.

Tjorven kam auf einmal der Gedanke, ob etwas so Wundervolles mit dem, was ihr Onkel ihr gesagt hatte, erklärbar ist. Oder ob hinter einem solch grandiosen Schauspiel nicht noch andere Erklärungen steckten. Das wollte sie Onkel Patric unbedingt noch fragen.

Etwas später zeigte sich das Polarlicht noch einmal in einem pastellfarbenen, bunten Kleid gleich einer sich langsam im Himmel wiegenden Gardine aus reinem Licht.

Es dauerte nicht mehr lange, da begann die Morgendämmerung Fuß zu fassen. Die Geräusche der Tiere wurden allmählich lauter und das Polarlicht wurde erst lichter, und schließlich war es immer schwieriger, es vor dem heller werdenden Himmel zu sehen. Ein paar letzte Strahlen schickte der Himmel noch, dann verschwanden die letzten Sterne und damit auch das Polarlicht.

Tjorven genoss noch einen Moment den leichten morgendlichen Nebel über dem See und stieg dann leise wieder in den Wagen ein. Ganz müde, aber überglücklich kroch sie in ihren Schlafsack.

Gegen halb 10 wurde Onkel Patric wach. Einen kurzen Moment musste er überlegen, wo er war. Dann sah er Tjorven tief und fest auf dem Rücksitz schlafen, schmunzelte und kurbelte seine Rückenlehne wieder nach oben. Ohne Tjorven zu wecken, ließ er den Wagen an, fuhr zurück zur Hauptstraße 45 und dann weiter Richtung Sveg.

„Guten Morgen, Onkel Patric", begrüßte Tjorven ihren Onkel. „Oh, du bist schon wach?", fragte der Onkel. „Du lagst doch erst um 3 Uhr in deinem Schlafsack!" „Ich bin sogar noch einmal aufgewacht, als wir an diesem See waren. Da hast du aber geschlafen. Ich habe dann noch eine ganze Weile Polarlicht gesehen, bis es draußen hell war. Und stell dir vor: Ich habe sogar ganz tolles blaues und buntes Polarlicht gesehen."

„Und das hast du auch nicht geträumt?", fragte der Onkel und warf Tjorven einen liebevollen Blick zu. „Nein, bestimmt nicht", sagte Tjorven. „Mich hat irgendetwas geweckt und dann bin ich nach draußen gegangen." Und sie erzählte dem Onkel von den tollen Formen und Farben, die sie dann noch gesehen hatte.

„Kannst du mir sagen", fragte Tjorven schließlich, „wie und warum und wann diese Formen und Farben entstehen?"

„Tja, weißt du Tjorven, das blaue Polarlicht entsteht, wenn rotes Polarlicht zusätzlich von der Sonne angestrahlt wird. Das passiert kurz nach der Abenddämmerung oder kurz vor der Morgendämmerung, wenigstens in dieser Jahreszeit. Wenn es hier unten auf der Erde schon dunkel ist, können die viele hundert Kilometer in den Himmel reichenden Polarlichtstrahlen zusätzlich noch von der Sonne angestrahlt werden. Und dann strahlen die Murmeln der Atmosphäre – Du erinnerst dich? – nicht mehr rotes, sondern blaues Licht aus. So erklärt man sich das. Das passiert aber nicht immer. Manchmal bleibt es rot, wird violett, als Mischfarbe von Blau und Rot, oder wird reines Blau. Wann und warum das so ist, weiß eigentlich keiner so recht. Dasselbe gilt für die Formen und Bewegungen der Polarlichter. Mal sind auch kräftige Polarlichter recht ruhig, mal bewegen sich selbst schwache Polarlichter rasend schnell über den Himmel. Manchmal pulsieren sie, ein anderes Mal überhaupt nicht. Weißt du, Tjorven, da steckt die Forschung fast noch in den Kinderschuhen."

„Vielleicht spielen dabei aber auch andere Dinge eine Rolle, die wir noch gar nicht so genau wissen. In der Schule habe ich gehört, dass man früher glaubte, dass die Polarlichter von den Seelen der Verstorbenen her kommen", erwähnte Tjorven.

„Ja, das stimmt, das hat man früher geglaubt", antwortete der Onkel. Und Tjorven überlegte weiter: „Vielleicht sind es ja wirklich irgendwelche Seelen, die das Polarlicht formen. Ich hatte heute Nacht oft den Eindruck, dass das

Polarlicht irgendwie lebt!"

Tjorven versuchte, mit ihren Händen die Bewegungen des Polarlichtes nachzumachen. „Bei einem so lebendigen Polarlicht, wie wir es gesehen haben, kann man sich wahrhaftig schwer diesem Eindruck entziehen", das musste auch der Onkel zugeben.

„Schau, noch 10 Kilometer bis Älvros, deine Eltern warten sicher schon mit dem Frühstück auf uns." Da die Essenspakete in der Nacht längst aufgegessen waren, hatten beide jetzt richtig Hunger.

Mit großem Hallo wurden der Onkel und Tjorven von den Eltern begrüßt. Sie hatten sich fast schon ein bisschen Sorgen gemacht, wo die beiden so lange geblieben waren. Aber sie hatten vollstes Vertrauen zu Onkel Patric, dass er Tjorven wohlbehalten, wenn auch vielleicht sehr müde, wieder nach Hause bringen würde.

„Lass mich mal raten", sagte Tjorvens Vater, „ihr habt bestimmt ein ganz tolles Polarlicht gesehen." „Ja, wirklich, es war sehr beeindruckend, und sogar die ganze Nacht hindurch. Ich habe nur ein bisschen geschlafen auf der Fahrt zurück. Dann haben wir aber noch mal angehalten. An einem schönen See; da hab ich dann auch blaues Polarlicht gesehen." „Nun wollen wir aber erst einmal frühstücken, ihr müsst ja ganz hungrig sein", unterbrach Tjorvens Mutter sie.

Und während sie sich alle über duftenden Toast, Brötchen, Marmelade, Wurst und geräucherten Fisch mit Kaffee und Tee hermachten, erzählte Tjorven von den Erlebnissen in der Nacht. Sie erzählte von dem Turm, von den grünen Bögen über dem Storsjön, den sich spiegelnden Lichtern der Dörfer am Seeufer, von dem immer intensiver werdenden Schauspiel am Himmel, von den ersten roten Strahlen, von der tanzenden grünen Korona, die mit Rosa durchsetzt war und von dem sich spiegelnden Polarlicht über dem See.

Der Onkel und ihre Eltern hörten ihr schmunzelnd zu. Dann sagte ihre Mutter: „Wir haben uns gedacht, dass ihr was tolles zu sehen bekommt. Weißt du, Tjorven, wir haben nämlich heute Nacht auch zwei, drei Stunden in den Himmel geschaut. Und es war wirklich ein schönes Polarlicht, das es heute Nacht zu sehen gab. Ihr hattet natürlich einen viel besseren Beobachtungsplatz." Als Tjorven dann noch von den blauen Strahlen und der Korona, die sich wie ein engelhafter Flügel über den Himmel spannte, erzählte, musste die Mutter zugeben, noch nie blaues Polarlicht gesehen zu haben.

„Onkel Patric hat dir sicher jetzt auch alles über die Polarlichter erzählt, was du wissen wolltest, oder?" fragte der Vater.

Der Onkel schaltete sich ein und musste lächelnd zugeben: „Also, eure Tochter, die ist schon ganz schön helle. Und es ist ihr auch gelungen, mir Fragen zu stellen, die ich nicht beantworten konnte. Aber das waren auch Fragen", räumte er noch ein, „die so recht noch niemand beantworten kann!"

„Vielleicht werde ich ja einmal eine Forscherin,

die das Polarlicht noch weiter erforscht. Und dann werde ich vielleicht eines Tages alle meine Fragen selber beantworten können", meinte Tjorven.

Aber es sollte anders kommen.

So erzählten sie noch eine Weile, und als es langsam gegen Mittag ging, meinte die Mutter: „So, Tjorven, du sieht ja ganz müde aus! Geh doch am besten noch mal für ein paar Stunden ins Bett!"

Das tat sie dann auch, und während sie tief und fest in ihrem Zimmer schlief, träumte sie von Lichtbögen, Strahlen, wunderbaren Formen und Farben. Und sie hatte in ihrem Traum nie das Gefühl, alleine zu sein.

Auch Onkel Patric legte sich noch einmal hin.

Die Mutter backte einen Kuchen, und als zur Kaffeezeit Tjorven und Onkel Patric wieder wach waren, kamen auch Tjorvens Geschwister nach Hause, die beim Angeln gewesen waren. Und so war der Kaffeetisch umringt von allen

Familienmitgliedern und dem Onkel, und die Mutter verwöhnte sie mit einem Heidelbeer-Pie, einem sehr saftigen Heidelbeer-Quark-Sahne-Kuchen.

„Nach dem Kaffee fahre ich dann langsam mal los", meinte der Onkel. Tjorvens Geschwister hatten ein paar Fische gefangen, und so war dann plötzlich Angeln das Thema der Runde. Es wurde über Köder diskutiert, die Zubereitung der Fische erörtert und über die besten Angelplätze sinniert. Und Tjorven saß daneben und wusste gar nicht so recht, wie ihr geschah. Auf einmal war das Polarlicht kein Thema mehr. Aber sie wusste natürlich, dass es noch andere Dinge im Leben gibt als Polarlichter.

Und so bekundete sie den Wunsch, beim nächsten Angeln wieder einmal mitgehen zu wollen. Ihre Geschwister nickten zustimmend und meinten: „Oh ja, dann gehen wir nächstes Wochenende alle drei gemeinsam los, dann fangen wir bestimmt noch mehr!"

Als sich der Onkel nach dem Kaffee langsam in

Aufbruchstimmung begab, bedankte sich Tjorven noch einmal ganz herzlich für die tolle Nacht auf dem Hoverberget. „Das habe ich gerne getan", antwortete der Onkel, „ohne dich hätte ich das schöne Schauspiel sicher verpasst." „Ich freue mich schon darauf, wenn du das nächste Mal kommst. Vielleicht bringst du dann wieder so ein schönes Nordlicht mit", sagte Tjorven schmunzelnd und begleitete ihren Onkel noch zum Wagen. Lange winkte sie ihm nach, als er davonfuhr.

Als es an diesem Abend dunkel wurde, war Tjorven schon bettfertig in ihrem Zimmer. Musste sie doch morgen früh schon wieder zeitig aufstehen und in die Schule gehen. Deshalb wollte sie auch früh schlafen gehen. Sie warf einen Blick aus ihrem Fenster und genoss den leuchtenden Sternenhimmel.

Am Nordhorizont zeigte sich ein ganz leichter, diffuser Nordlichtbogen, der kaum von einer länglichen Wolke zu unterscheiden war. Tjorven erkannte ihn aber sofort als Nordlicht. Sie beobachtete den Bogen eine Weile und wurde schließlich so müde, dass sie schlafen ging.

„Das ist ja schon komisch", dachte sie, „gestern Abend war der Himmel in allen Richtungen voller Nordlicht, und heute ist fast nichts zu sehen."

Sie dachte wieder an die Formen und Farben, die sie in der letzten Nacht gesehen hatte. Und mit dem Gedanken „ob ich je erfahren werde, was sich wirklich hinter dem Polarlicht verbirgt?", fiel sie in einen tiefen, traumlosen Schlaf.

„Du musst aufstehen", rief ihre Mutter am frühen Morgen, „es ist schon spät, und der Bus fährt bald". Tjorven war noch ziemlich müde, als sie ins Bad ging und anschließend an den Frühstückstisch wankte. „Oh je, da ist aber noch jemand müde", bemerkte ihre Schwester Anne. „Sie hat ein anstrengendes Wochenende hinter sich", erklärte ihr die Mutter. „Aber es war ganz toll", warf Tjorven ein.

In der Schule ging es Montagmorgens oft erst

einmal mit Rechnen los.

„Wie viele Äpfel habe ich, wenn mir der Anders einen Apfel und die Lisa zwei Äpfel schenkt?", fragte die Lehrerin Frau Persson. Tjorven fiel es schwer, sich zu konzentrieren, auch wenn sie die Frage mit den Äpfeln noch leicht lösen konnte. Bei der Frage: „Wie viele Äpfel habe ich, wenn mir Tore vier Äpfel, Lilly drei Äpfel und Lisa zwei Birnen schenken?", musste sie schon ganz schön überlegen, um mit Hilfe ihrer Finger auf die richtigen sieben Äpfel zu kommen, denn nach Birnen war ja nicht gefragt!

Richtig wach wurde Tjorven, als Frau Persson nach der Pause fragte, wer denn das tolle Polarlicht in der Nacht von Samstag auf Sonntag gesehen hat.

„Ich habe es gesehen", Tjorven schrie fast ein wenig, „sogar die ganze Nacht hindurch!" „Wie kommt es denn, dass du so lange aufbleiben durftest?", fragte Frau Persson.

Und so erzählte Tjorven der ganzen Klasse von

der Nacht, und dass sie mit ihrem Onkel unterwegs gewesen war. Die Lehrerin war sichtlich beeindruckt von dem, was Tjorven alles erzählte und was sie schon wusste. Und als Tjorven aufhörte zu reden und sich an die Lehrerin wandte: „Wissen Sie denn, wie und wann welche Formen und Farben zu sehen sind?", musste auch Frau Persson passen. Und so blieben Tjorven diese Fragen weiterhin unbeantwortet.

Das machte aber nichts, wenigstens heute nicht. Denn ihre Mitschüler waren voller Respekt vor Tjorven. Weniger, weil sie ein tolles Polarlicht gesehen hatte und schon so viel darüber wusste, sondern eher, weil Tjorven eine ganze Nacht lang aufbleiben durfte!

Und so war der Montag für Tjorven ein schöner Schultag. Überhaupt war die ganze Woche in der Schule sehr interessant, denn die Kinder lernten viel über die Natur, über Beeren und Pilze, über Vögel, die jetzt langsam nach Süden fliegen, über den baldigen Winter und wie die Tiere sich gegen die Kälte schützen.

An einem Abend in dieser Woche war auf einmal ganz plötzlich ein sanftes Polarlicht in pastellfarbenen Rottönen zu sehen, das nach nur zehn Minuten wieder verschwand. Tjorven sah es, als sie etwas Holz vom angrenzenden Schuppen für den Kamin im Haus holte, der jetzt immer öfter von ihren Eltern angezündet wurde.

„Oh, wie schön", dachte sie bei sich, „und ausgerechnet jetzt hole ich Holz, sonst hätte ich dieses Polarlicht gar nicht gesehen." Und sie merkte wieder, wie sehr sie dieses Himmelsschauspiel faszinierte und in seinen Bann zog. Und sie dachte immer mehr, dass das Polarlicht mehr sein müsse, als nur ‚leuchtende Atmosphären-Murmeln', wie es ihr der Onkel so einleuchtend erklärt hatte.

Am Samstag ging Tjorven zum ersten Mal mit Micael und Anna angeln. Sie bekam eine kleine Angel und wurde von ihren Geschwistern als vollwertige Hilfe angesehen. „Zu dritt räumen wir jetzt den See leer", sagte der Bruder. Dabei angelten sie gar nicht an einem See, sondern am Ljusnan, der bei Älvros ein fast stehendes, breites Fließgewässer ist.

Tjorven ließ sich zeigen, wie sie das mit den Ködern machen sollte. Diese Blinker, wie sie genannt werden, fand sie ganz putzig, aber mit echten Würmern, da hatte sie doch so ihre Schwierigkeiten. „Na, dann angelst du eben mit

Blinkern", meinte ihre Schwester. Und so verbrachten sie einen wunderschönen Tag am Ljusnan, und als sie gegen Abend nach Hause kamen, waren alle ganz stolz. Denn sie hatten nicht nur einige Forellen, sondern sogar einen Hecht gefangen. Auch Tjorven hatte Anglerglück, denn sie hatte zwei kleine Forellen am Haken gehabt, und ihr Bruder hatte ihr geholfen, sie an Land zu bekommen.

„Wisst ihr", klärte ihr Vater sie auf, „Hechte sind bei Anglern sehr beliebt, weil es Raubfische sind und sie auch so aussehen. Aber, um ehrlich zu sein, Hechte haben so verzwickt gewachsene Gräten, dass viele Leute vor ihrem Verzehr zurückschrecken. Wenn wir den Hecht gekocht haben, zeige ich euch das." Schmunzelnd stand bald die Mutter in der Küche und schaute auf das rege Treiben ihrer drei Kinder und des Vaters, wie sie versuchten, die Fische in einen verzehrbaren Zustand zu verwandeln. Eine gute Stunde später war es dann soweit; endlich war der Tisch gedeckt und es gab reichlich Fisch.

Die Mutter, die sich nur um das Kochen der Kartoffeln gekümmert hatte, ließ sich nicht anmerken, was sie vom momentanen Zustand der Küche hielt.

Lächelnd setzte sie sich mit an den Tisch, und zur Feier des Tages gab es zu dem Fisch auch leckeren Wein. Alle durften davon trinken, nur Tjorven musste sich mit einem kleinen Probierschluck zufrieden geben. Das war aber auch nicht schlimm, denn ihr schmeckte der Wein gar nicht.

Und dann wurde viel erzählt und viel gegessen; etwas Vanilleeis war auch noch in der Gefriertruhe. Und als es langsam daran ging, dass Tjorven ins Bett sollte, war es schon eine Stunde vor Mitternacht.

Wie jedes Mal, bevor sie schlafen ging, schaute sie aus ihrem Fenster. Es war wieder sternenklar. Und während sie am Fenster die funkelnden Sterne betrachtete, entstand langsam vor ihren Augen ein nur schwach leuchtender, bläulichgrün schimmernder Nordlichtvorhang. Ganz sanft bewegte er sich, als würde der Wind mit ihm spielen.

An anderen Stellen des Himmels erschien diffuses, pulsierendes Polarlicht. So müde Tjorven auch war, sie wollte sich nicht von diesem Anblick lösen. Fast hatte sie das Gefühl, dass das Polarlicht ihr etwas sagen wollte. Als sich der Vorhang langsam auflöste und in pulsierende, schwach leuchtende Polarlichtwolken verwandelte, legte sich Tjorven ins Bett. Sie dachte noch kurz an die Farben, Formen und Bewegungen, die sie vor einer Woche am Himmel gesehen hatte und schlief dann sanft ein.

Und während sie schlief, wurde das Polarlicht immer schwächer und schwächer und hinterließ bald einen ruhigen, klaren Sternenhimmel, durchzogen von dem diffusen, etwas heller leuchtenden Band der Milchstraße.

Tjorven lag tief schlafend in ihrem Bett. Alle Lichter im Hause waren längst verloschen. Ganz Älvros lag in tiefem Schlaf. Nur einige Straßenlaternen trugen hier und dort noch etwas Licht in die Nacht. Ganz leise konnte man das Glucksen des nahen Baches vernehmen. Sonst herrschte eine sanfte, alles bedeckende Stille.

2. Teil

Himmlische Antworten

Auf einmal war es ganz hell. Tjorven wusste gar nicht, was los war. Sie sah plötzlich ganz viel Licht. Dieses Licht schien erst überall zu sein, dann verdichtete es sich zu zwei Punkten, die der Ursprung dieses Lichtes zu sein schienen. Diese Lichtpunkte kamen auf sie zu, und mehr und mehr nahmen sie menschliche Gestalt an. „Was ist das", fragte sich Tjorven, „träume ich?" Und im selben Moment wunderte sie sich, dass sie im Traum eine solche Frage stellen konnte. „Nein, das muss etwas anderes sein", dachte sie bei sich.

Die Lichter in menschlicher Gestalt kamen näher, und je näher sie kamen, desto mehr Umrisse konnte Tjorven erkennen. Die Gestalten schienen Gewänder aus Licht zu tragen. Und nun konnte Tjorven auch so etwas wie Gesichter erkennen. Gesichter aus reinem, weißem Licht. Tjorven hörte eine Stimme: „Hab keine Angst, Tjorven", und als sie das Lächeln auf den immer klarer werdenden Gesichtern sah, hatte sie keine Angst mehr. „Wir sind hier, weil wir dir etwas zeigen möchten, Tjorven." Die Gesichter schienen aber nicht zu sprechen. Es war eine innere Stimme Tjorvens, die zu ihr sprach.

Die Gestalten beugten sich über Tjorven, alles war ganz hell; ein sanftes, weißes, endlose Liebe verströmendes Licht breitete sich aus. „Na, Tjorven, hast du eine Idee, was wir sein könnten?" Tjorven konnte nicht mehr unterscheiden, ob sie das dachte, oder ob diese Wesen gesprochen hatten. Ihr kam aber sofort in den Sinn: „Ihr seid Engel, oder?" Jetzt wurde aus dem Lächeln ein Lachen, alles schien noch heller zu werden.

„Ja, Tjorven, wir sind Engel." – „Und wir möchten dich einmal mitnehmen, um dir deine Fragen zu beantworten. Magst du mitkommen, Tjorven?"

Bevor Tjorven überlegen konnte, hörte sie sich selber „Ja" sagen.

Das Licht um sie herum schien in Wellen und Schwingungen zu sein, auch verschiedene Farben nahm sie nun wahr.

Und dann sah sie, wie sie sich ganz langsam den beiden sanft leuchtenden Engeln näherte. „Hab keine Angst, Tjorven", hörte sie eine unendlich vertrauensvolle Stimme sagen, „Du bist bald wieder zurück." Diese Stimme flösste Tjorven so viel Vertrauen ein, dass jede Angst augenblicklich verschwunden war. Voller Neugierde sah sie sich immer weiter von ihrem Bett entfernen. Auf einmal war sie außerhalb des Hauses. Wände schienen kein Hindernis zu sein.

Und in einem Strom von warmem, weißem Licht wurde sie von den beiden Engelwesen immer weiter getragen. Ein unendlich leichtes Gefühl breitete sich in Tjorven aus. Sie sah alles von oben, ihren Ort Älvros, die Wälder und Seen, die immer kleiner und kleiner wurden. Tjorven hatte nicht nur keine Angst mehr, sie empfand das Gefühl der völligen Schwerelosigkeit wunderbar. „Wo bringt ihr mich hin?", fragte sie voller Neugierde die beiden Engelwesen. „Wir möchten dir zeigen, Tjorven, wo WIR zu Hause sind", hörte sie wieder eine Stimme zu sich sprechen.

Die Erde unter Tjorven verschwand allmählich. Sie nahm nur noch eine Lichtwolke wahr, in der sie sich befand und die beiden Wesen, die sie führten. Plötzlich formte sich die Lichtwolke zu einem Raum. Wände aus Licht bildeten sich und die beiden Wesen schauten Tjorven liebevoll an und sagten: „Schau, Tjorven, jetzt sind wir in der Engelwelt. Es gibt nicht viele Menschen, die das sehen dürfen, aber du darfst es."

„Warum?", fragte Tjorven unwillkürlich. „Nun, das hat verschiedene Gründe, Tjorven", sagte einer der Engel. „Einer ist der, dass du dir in deinen jetzigen, jungen Jahren schon Gedanken über Dinge machst, die sich sonst kaum ein Erwachsener macht. Ein anderer Grund ist der, dass du mit deinen bald sieben Jahren schon einen Weg beschreitest, der voller Licht ist: Du versucht, zwischen deinen Mitschülern immer zu vermitteln, wenn es Streit gibt. Du bist allen Dingen gegenüber sehr aufgeschlossen und vor allem tolerant. Und du versuchst nie, etwas gegen den Willen von anderen durchzusetzen, nur um dein eigenes Wohl bedienen zu können. Und dennoch lebst du deine Interessen und setzt dich auch für diese ein. Für ein Menschenkind in deinem Alter ist das schon erstaunlich. Wobei es bei den Menschen oft so ist, dass die Kinder der Menschen noch Werte und Verhaltensweisen besitzen, die so manchem Erwachsenem gut zu Gesicht stünden!" Und der andere Engel ergänzte: „Außerdem wollen wir dir einfach dabei helfen, deine Fragen zu beantworten."

„Welche Fragen meint Ihr, etwa die, die ich zum Polarlicht habe?", fragte Tjorven, die vor Neugier fast platzte.

„Ja, genau die", ein dritter Engel gesellte sich zu ihnen. Tjorven nahm ihn als etwas ganz Besonderes wahr. Er lächelte verschmitzt in die Runde und strahlte unendliche Weisheit aus. „Du bist hier Tjorven, weil du etwas über die Engelwelt und damit über das Leben erfahren sollst. Denn du bist einer der Menschen, von denen es nicht so viele gibt. Du bist heute schon imstande – und wirst es immer mehr sein, wenn du älter wirst –, den Menschen zu vermitteln, wie sie sich selbst entdecken und damit ein erfülltes Leben leben können. Ein Leben in dem Bewusstsein, dass alle Menschen Lichtwesen sind. Lichtwesen mit der Schöpferkraft Gottes. Du bist bald schon so weit, dass du verstehen kannst, was die Menschen alles erreichen können, wenn sie selbst ihr Leben eigenverantwortlich in die Hand nehmen.

Du bist auch hier, um zu erkennen und weiterzugeben, dass die Engel die Vermittler sind zwischen der göttlichen Welt und der irdischen, materiellen Welt, in der ihr Menschen lebt. All das ist wunderbar und kann sehr beglückend sein, und du brauchst keine Angst davor zu haben. Komm, Tjorven, ich führe dich etwas herum. Mein Name ist übrigens Raphael. Eine meiner Aufgaben ist es, Verletzungen der Menschen und der Welt wieder zu heilen. Vielleicht kannst du mir dabei ja etwas helfen! Es gibt zwar schon einige Menschen, die das tun, es wäre aber schön, wenn es noch viel mehr werden." Er lächelte und zog mit Tjorven los. Die beiden anderen Engel verbeugten sich und zwinkerten Tjorven zu.

Und so zogen die beiden los. Es gab verschiedene Lichträume, in denen mal einer, mal mehrere Engel anwesend waren und emsig mit irgendetwas beschäftigt schienen. Manche Räume und manche Engel strahlten in reinem, weißem Licht. Andere Engel schienen farbig zu strahlen. Auch waren manche Räume aus buntem Licht. Tjorvens Begleiter Raphael schien neben weißem Licht auch ein wunderschönes grünes Licht abzustrahlen, was Tjorven sehr an das Grün des Polarlichtes erinnerte.

„Was machen all die Engel hier?", wollte Tjorven wissen. „Wie ich dir schon gesagt habe, Tjorven", erklärte Raphael, „sind wir Engel die Vermittler oder auch Boten zwischen der göttlichen Welt und den Menschen, die auf der Erde sind, um ganz bestimmte Erfahrungen zu machen. Wir helfen ihnen dabei, dass sie aus ihren Erfahrungen etwas Sinnvolles machen. Aber nur dann, wenn die Menschen das wollen." „Und wie macht ihr das?" Tjorven fand das alles höchst interessant.

„Nun, da gibt es mehrere Möglichkeiten. Zum Beispiel geben wir den Menschen Impulse und Hinweise, die sie über ihr Herz wahrnehmen können. Ein Mensch, der auf sein Herz hört, also auf seine innere Stimme, wie ihr bei euch zu sagen pflegt, hat es viel leichter als ein Mensch, der alles immer nur nach dem Verstand beurteilt. Auch wenn das bei vielen Menschen eher unbekannt ist: Die Herzensstimme in euch hat euch viel mehr zu sagen als die meisten Menschen sich vorstellen. Entscheidungen, die aus dem Herzen getroffen werden, mögen manchmal ungewöhnlich sein, sie sind aber nie falsch. Und das Schöne ist, dass die Menschen lernen können, mehr und mehr auf ihr Herz zu hören. Menschen, die das tun, sind oft viel ausgeglichener als andere. Sie sind auch eher darum bemüht, dass ihr Wohl auch zum Wohl anderer Menschen beiträgt. Sie denken nicht nur an ihren persönlichen Gewinn. Was aber das Wichtigste ist: Sie haben Vertrauen in den Fluss des Lebens. Das kann man auch als Gottvertrauen bezeichnen, oder als Selbstvertrauen, da ja jeder Mensch ein Teil Gottes ist. Und so unterstützen wir die Menschen darin, sich ihrer wahren Natur als göttliche Lichtwesen wieder bewusst zu werden. Und das ist ein spannendes Abenteuer!"

Das klang für Tjorven ziemlich kompliziert, aber irgendwie hatte sie das Gefühl, das, was Raphael ihr sagte, zu verstehen und irgendwie immer schon gewusst zu haben.

„Läuft immer alles über das Herz oder helft ihr den Menschen auch noch anders?", wollte Tjorven nun wissen.

„Weißt du, Tjorven", fuhr Raphael fort, „der Weg über das Herz, über die innere Stimme, ist der wichtigste. Und deswegen versuchen wir Engel, den Menschen den Weg zu ihrem Herzen zu öffnen, sie bewusster zu machen für ihre innere Stimme."

„Kannst du mir erzählen, wie das geht?" Tjorven wollte unbedingt mehr wissen.

„Schau, Tjorven", Raphael führte sie in einen hellen Raum aus weißem, rotem und orangem Licht, in dem viele Engel saßen, die Raphael mit einem lächelnden „Hallo" begrüßten. „Hier in diesem Raum sitzen Engel, die an verschiedenen Stellen der Erde ganz besonders schöne und farbige Sonnenauf- und -untergänge entstehen lassen. Auch die Lichtstrahlen, die die Sonne manchmal zusammen mit Wolken an den Himmel zaubert, werden hier gemacht. Vielleicht hast du schon mal beobachtet, Tjorven, wie die Menschen auf Lichtspiele dieser Art reagieren. Viele sind ganz angetan davon und manch einem wird ganz warm ums Herz. Auch damit versuchen wir, den Menschen den Weg zu ihrem Herz zu ebnen.

Licht hat auf die Menschen sowieso eine starke Wirkung. Das liegt daran, dass sich jeder Mensch tief in seinem Inneren bewusst ist, ein Lichtwesen zu sein. Ein Teil des allgegenwärtigen, göttlichen Lichtes, das nie verloren geht. Und weil jede Form von Licht die eigentliche Natur des Menschen als Lichtwesen berührt, reagieren die Menschen auf Licht so stark. Schau dir mal an, Tjorven, wie deine Eltern und Freunde reagieren, wenn nach zwei Wochen Dauerregen auf einmal wieder die Sonne scheint.

Unser Anliegen als Engel ist es jedoch, den Menschen bewusst zu machen, dass sie immer eine unendliche Fülle von Licht in sich tragen. Menschen, denen das bewusst ist, sind in ihren

Stimmungen unabhängig von Wetter oder Perioden langer Dunkelheit, wie zum Beispiel bei euch im Winter."

„Aber da haben wir ja manchmal das Polarlicht", meinte Tjorven.

„Ja, da hast du ganz recht", Raphael lächelte, „das Polarlicht ist sogar ein ganz besonderes Licht. Komm mal mit, ich zeig dir was."

Und sie verließen den rot-orangefarbenen Raum, sie schwebten durch Lichträume, hohe Galerien, an einem Wasserfall vorbei, aus dem kein Wasser, sondern bläulich-weißes Licht floss, und erreichten über einen strahlenden, langen Gang schließlich einen Raum, in dem ein munteres Stimmengewirr zu hören war.

Raphael wurde wieder überaus freundlich begrüßt, und ein ganz erhabener, in einen roten Lichtumhang gehüllter Engel fragte: „Na, wen hast du denn da mitgebracht, Raphael, ist das etwa Tjorven, die uns so gern beim Feiern zuschaut?"

Tjorven verstand nicht, musste aber unwillkürlich lächeln, als sie das hörte.

„Ja", sagte Raphael, „das ist Tjorven, und ich möchte ihr gerne zeigen, was es mit dem Nordlicht auf sich hat."

„Ach, da helfe ich dir gerne, Raphael", sagte der Engel in dem roten Lichterkleid.

„Ich heiße übrigens Uriel", sagte er sanft zu Tjorven.

Tjorven nickte ganz schüchtern, und ihr war wieder ganz feierlich zumute.

„Schau mal", begann Raphael, „wie ich dir schon erklärt habe, möchten wir Engel den Menschen den Weg zu ihren Herzen ebnen. Und wenn uns das gelingt, und ein Mensch sich wieder ein klein wenig mehr bewusst wird, dass er ein Lichtwesen ist, dann freuen wir uns auch. Denn es ist ja eine unserer Aufgaben, den Menschen das zu vermitteln."

„Und immer, wenn wir Engel uns besonders

freuen", fuhr Uriel fort, „dann strahlen wir auch besonders viel Licht aus. Und einen kleinen Teil dieses Lichtes, den senden wir zur Erde. Damit die Erde und all die, die auf dieses Licht achten, an unserer Freude teilhaben können. Und dieses Licht, das kannst du dir nun sicher schon denken, ist das Polarlicht."

Das haute Tjorven um: „Was, immer wenn es Polarlicht zu sehen gibt, heißt das, dass ihr Engel euch freut und uns euer Licht schickt?"

„Ja", sagte Raphael sanft, „so ungefähr kannst du dir das vorstellen. Es ist aber nicht nur ein Zeichen unserer Freude. Mit diesem Licht, das von uns Engeln kommt, wollen wir auch etwas auf der Erde bewirken. Und jede Farbe, die über das Polarlicht oder auch über die vielen anderen Dinge und Erscheinungen auf der Erde zu sehen ist, bewirkt etwas anderes. Und wir sind mit vielen Engeln daran beteiligt.

Sieh mal, mich nimmst du überwiegend grün wahr. Grün ist unter anderem die Farbe der Heilung. Euer Planet braucht zurzeit viel Heilung. Deswegen sende ich fast jede Nacht grünes Polarlicht. Das ist sozusagen das Quäntchen Heilung, das die Erde jede Nacht von mir bekommt."

„Ich sende meistens rotes Licht", fuhr Uriel fort, „damit möchte ich mehr Freude auf eurem Planeten manifestieren."

Raphael fuhr fort: „Es sind wie gesagt noch mehr Engel, die von hier ihr Engellicht auf die Erde schicken. Es sind die Engel, die euch auf der Erde als Erzengel bekannt sind. Und jeder dieser Erzengel steht für verschiedene Eigenschaften, die er mit seinem Licht auf die Erde bringt.

Sag, Tjorven, als du auf dem Hoverberget warst und dieses schöne Polarlicht mit den grün und rosafarben aufleuchtenden Strahlen gesehen hast, was hast du da empfunden?"

„Was, du weißt, dass ich auf dem Hoverberget war?"

„Natürlich, Tjorven, wir wissen fast alles..."

Raphael schmunzelte.

„Ach so", Tjorven überlegte, „ja ich fand das irgendwie sehr berührend, ich habe ganz doll mein Herz gespürt."

„Siehst du, Tjorven", erklärte Raphael, „da hast du mein Licht – das Licht der Heilung – und das Licht von Chamuel gesehen. Sein Licht ist rosa, und Chamuels Aufgabe ist unter anderem, die Liebe auf der Erde wieder in Fluss zu bringen. Und die Farben grün und rosa wirken besonders auf das Herz der Menschen. Und das Herz ist das Zentrum der Liebe."

Tjorven war wieder einmal sprachlos. Dann aber fragte sie: „Wenn ihr jetzt euer Licht schickt, warum sieht dann jedes Polarlicht so anders aus? Wer macht diese Formen?"

„Nun, Tjorven", ein weiterer, erhabener blau schimmernder Engel gesellte sich zu ihnen. „Wenn wir, die ihr Erzengel nennt, unser Licht schicken, dann geben wir dieses Licht erst an ganz junge Engel. Und die dürfen dann dieses

Licht formen und mischen, wie sie das möchten, ungefähr so, wie du mit Wasserfarben auf einem Blatt Papier malst. So lernen sie, mit ihrer Schöpfungskraft umzugehen. Übrigens ist das, was dir dein Onkel erzählt hat, gar nicht falsch. Er sagte dir ja, dass das Polarlicht von Teilchen der Sonne verursacht wird. Nun, ich möchte es ganz einfach ausdrücken: Die Sonne und ihre Teilchen hängen mit uns Engeln zusammen, und jedes Sonnenwindteilchen geht durch unsere Hände ...

Und so ist jedes Polarlicht, das du sehen kannst, das Ergebnis unserer Freude und unseres Willens, der Erde zu helfen und das Ergebnis von jungen Engeln, die ihre Schöpfungskräfte erproben. Deshalb ist auch jedes Polarlicht anders.

Und manchmal haben auch wir Erzengel Spaß daran, das Polarlicht zu formen. Nämlich dann, wenn sich ganz viele Menschen mit unserer Hilfe bewusst geworden sind, dass sie Lichtwesen sind und ihr Leben selber erschaffen. Dann freuen wir uns so sehr, dass wir richtig ins Feiern geraten. Und wenn wir Engel feiern, dann explodiert der Himmel in Farben. Ganz so, wie du es bei deiner langen Polarlichtnacht erlebt hast.

Und das blaue Polarlicht war, wie du dir nun denken kannst, von mir. Ich heiße übrigens Michael und freue mich, dich kennen gelernt zu haben." Michael lächelte.

„So, nun hast du schon ganz schön viel erfahren, liebe Tjorven, und bevor wir dich zurückschicken, darfst du etwas probieren", meinte Raphael, der nun mit Tjorven in einen geheimnisvoll schimmernden Raum ging. Dort saßen drei junge Engel, die in irgendetwas ganz versunken schienen.

„Im Moment ist bei euch auf der Erde nur im hohen Norden und tiefen Süden ein leichtes, grünes Polarlicht", fuhr Raphael fort. „Die drei Engel, die du hier siehst, Tjorven, geben diesem Polarlicht seine Gestalt, sie formen es."

Mit diesen Worten schritt Raphael auf eines

dieser drei Engelwesen zu, machte eine sanfte Handbewegung, worauf sich das Engelwesen erhob und schmunzelnd den Raum verließ.

„Komm einmal hierhin, Tjorven", sagte Raphael. „Oft sitzen hier viel mehr Engel, die das Polarlicht formen. Bei einem so leichten Polarlicht wie im Moment reichen aber zwei bis drei Engel aus. Und jetzt ... darfst du es mal probieren!"

„Was, ich soll das Polarlicht formen?", fragte Tjorven verblüfft.

„Nun, du kannst es einmal versuchen", Raphael lächelte verschmitzt.

Tjorven nahm ganz verunsichert den ihr zugewiesenen Platz ein. „Und was soll ich nun machen?", fragte sie.

„Nun", antwortete Raphael, „konzentriere dich einmal auf die Sonne und auf die Teilchen, die von ihr kommen. Schau, ich helfe dir ein wenig ... Kannst du die Teilchen wahrnehmen, Tjorven?"

„Ja, ich glaube schon", antwortete sie.

„Dann stell dir nun vor, wie du den Teilchenstrom formst und in die Erdatmosphäre schleuderst. Dann kannst du auch das von dir erzeugte Polarlicht sehen."

Tjorven machte sich an die Arbeit und probierte dies eine Weile.

„Ich versuche es, aber ich sehe nur ganz undeutliche Polarlichtwolken, die ziemlich dunkel sind."

„Na, das ist doch schon toll, die Verbindung ist geschaffen, und zwar von Dir!" Raphaels Stimme war von unglaublicher Sanftheit und Geduld. „Jetzt versuche, das Polarlicht zu formen, ganz so, wie du es möchtest", forderte Raphael Tjorven auf.

Es verging eine Weile, dann sagte Tjorven enttäuscht: „Ich versuche es ja, aber es ändert sich nichts, das Polarlicht erscheint nur als undeutliche Wolken."

„Das liegt vielleicht daran", beschwichtigte Raphael, „dass du in deinem Leben gewohnt bist, dass du aktiv etwas tun musst, damit irgendetwas passiert. Hier ist das aber anders. Versuche nicht, das Polarlicht zu formen, indem du etwas tust, sondern dadurch, dass du dir vorstellst, wie das Polarlicht aussehen soll. Das ist alles! Versuch es einmal, aber habe Geduld dabei, versuche nicht, es zu erzwingen. Glaube fest daran, dass es so funktioniert, und freue dich einfach darüber, dass du es einmal versuchen darfst! "

Tjorven war ganz verwirrt. Eine so schwere Aufgabe sollte sie erfüllen!

Oder klang die Aufgabe schwieriger, als sie war?

Sie versuchte, sich zu entspannen.

Mit Geduld nahm sie das Polarlicht so hin, wie es war: Undeutliche Wolken. Und dann stellte sie sich vor, diese Polarlichtwolken verwandelten sich in einen strahlendurchsetzten Vorhang, und Tjorven war auch überzeugt davon, dass das nun passierte. Ohne Erwartung und mit viel Geduld, ganz so, wie Raphael ihr gesagt hatte. Und plötzlich geschah es: Tjorven sah, wie sich die Polarlichtwolken in einen wunderschönen Strahlenvorhang verwandelten. Und sie dachte, wie schön es wäre, wenn dieser sich nun wie im Winde wiegen würde. Und kaum hatte sie sich das vorgestellt, da kräuselte sich der Vorhang, legte sich in Wellen und zog in sich ständig veränderten Formen über das Firmament.

„Alle Achtung", sagte Raphael, „Du hast wirklich schnell begriffen, wie das funktioniert. Ich lasse dich jetzt eine kurze Zeit alleine, damit du weiter üben kannst."

Und so hatte Tjorven noch Zeit, das Gelernte weiter zu üben. Und sie formte Strahlen, Bögen, Wellen und pulsierendes Polarlicht. „Oh, ist das toll", dachte sie, „ich brauche es nur zu denken, und schon formt es sich so, wie ich es mir vorstelle."

Und es strengte sie gar nicht an, es machte ihr einen Riesenspaß!

„So, Tjorven, jetzt wird es Zeit", sagte Raphael sanft, als er nach einiger Zeit zurück kam. „Ich denke, du hast etwas Wichtiges gelernt!" „Was meinst du, Raphael?", fragte Tjorven. „Nun, du hast gelernt, wie du mit deinen Gedanken etwas erschaffen kannst. Weißt du, Tjorven, ich habe dir diese Möglichkeit nicht ohne Grund gegeben. Denn das, was du hier spielerisch erfahren durftest, hängt auch mit deinem Leben auf der Erde zusammen. Komm, ich erkläre dir das, bevor du zurückgehst!"

Sie verließen den schimmernden Raum und durchschritten pastellfarbige Flure und Räume, während Raphael ganz sanft und zugleich auch ernst mit Tjorven sprach. „Sieh mal, Tjorven", begann Raphael, „auf der Erde, in der Welt, in der du zurzeit zu Hause bist, glauben die meisten Menschen noch an den Zufall. Sie sind davon überzeugt, dass alles unwillkürlich passiert und sie keinen Einfluss darauf haben, wenigstens auf viele Dinge nicht. Wenn diese Dinge dann angenehm sind, sprechen die Menschen von ‚Glück', wenn sie unangenehm sind, nennen sie es ‚Pech'. Und für sie ganz schlimme Ereignisse nennen sie ‚Schicksalsschläge'. Es führt jetzt an dieser Stelle zu weit, dir zu erklären, warum die Menschen auf dem Planeten Erde leben. Vielleicht erfährst du das ja ein anderes Mal ...

Du bist nun hier und darfst einige Zusammenhänge erfahren, um sie deinen Mitmenschen weiterzugeben. Damit kannst du uns Engeln helfen, den Menschen bewusst zu machen, dass sie Lichtwesen sind, die ihr Leben selbst gestalten. Ich möchte mal so anfangen:" – Tjorven hing an Raphaels Mund und lauschte völlig fasziniert – „Vielleicht hast du schon mal beobachtet, wie deine Mitschüler auf dich reagieren, wenn du etwas griesgrämig am Montagmorgen in die Schule kommst. Und im Gegensatz dazu, wie sie reagieren, wenn du fröhlich und gut gelaunt in der Schule bist." Tjorven überlegte kurz und sagte dann: „Dann reagieren meine Mitschüler ganz anders!"

„Genau", fuhr Raphael fort, „die Reaktion deiner Mitschüler ist abhängig von der Art und Weise, wie du ihnen gegenüber trittst. Stell dir jetzt einmal vor, dass du ihnen immer mit einem lachenden Herzen begegnest; was glaubst du, wie sie dann auf dich reagieren?"

„Ich denke", Tjorven war ganz bei der Sache, „dass ich dann ganz viele Freunde haben werde."

„Nun, Tjorven", Raphael lachte, „Du hast jetzt schon viele Freunde. Aber ich denke, ich weiß, was du sagen möchtest: Wenn du mit einem lachenden Herzen durch die Welt läufst, werden sich viele Menschen um dich gesellen, die das zu schätzen wissen.

Worauf ich hinaus möchte, Tjorven, ist: Du hast es selber in der Hand, wie die Welt auf dich reagiert. Du bestimmst es mit der Art und Weise, wie du der Welt gegenüber trittst! Und das Tolle ist: Die Art und Weise, wie du dich deiner Welt gegenüber verhältst, hängt mit deinem Denken unmittelbar zusammen.

Sieh mal, Tjorven, wenn du dir wirklich darüber bewusst bist, dass du ein Teil dessen bist, was ihr als den ‚Lieben Gott' bezeichnet, dann weißt du, dass es nichts Sinnloses geben kann, dass alles, was ist, seine Bedeutung hat. Und damit weißt du auch, dass du vor nichts Angst zu haben brauchst; dass du immer in der Lage sein wirst, aus allem, was dir begegnet, das Beste zu machen. Denn nichts ist zufällig. Es hat immer mit einem selbst etwas zu tun, auch wenn es vielen Menschen erst einmal schwer fällt, das zu erkennen. Selbst wenn einem sehr unangenehme und schlimme Dinge begegnen, so kann doch jeder Mensch, der das Bewusstsein dafür entwickelt, lernen, darin den Sinn zu erkennen, mit solchen Situationen konstruktiv umzugehen und daran schließlich sogar zu wachsen.

Wenn du das glaubst und davon überzeugt bist, kannst du dir vorstellen, dass du dann immer mit einem Lächeln in deinem Herzen durch die Welt gehst?"

Tjorven wunderte sich, dass sie alles, was Raphael sagte, so gut verstehen konnte. „Ja", sagte sie, „ich glaube schon."

Und Raphael ergänzte noch: „Wenn du wieder zu Hause bist, dann denke immer darüber nach, in welchem Maße du durch deine Gedanken deine Welt, wie du sie erlebst, gestaltest. Beobachte einfach einmal, was passiert, wenn du pessimistisch an eine Sache herangehst und was sich ereignet, wenn du an die gleiche Sache optimistisch, humorvoll und mit Freude herangehst. Dann wirst du schnell merken, welche Bedeutung deine Gedanken haben. Und wenn du damit deine Erfahrungen gesammelt hast, wirst du erst spüren und dann wissen, was damit gemeint ist, wenn ich sage: Ihr Menschen habt alle den göttlichen Funken in euch und seid schöpferische Lichtwesen und Schöpfer eurer eigenen Welt.

Ich erinnere dich nur daran, wie du alleine durch deine Vorstellungskraft das Nordlicht geformt hast ..."

Tjorven dachte darüber nach, während Raphael und sie gemeinsam durch Räume voller Licht zogen. „Sag mal", meinte Tjorven ganz ernst, „warum sagst du mir das alles, Raphael?"

„Wie ich vorhin schon angedeutet habe", sagte Raphael, „kannst du uns Engeln bei unserer Aufgabe helfen. Es ist deine liebevolle Art, die du mit auf die Erde gebracht hast, die das ermöglicht. Viele Menschen könnten uns dabei helfen, wenn sie sich nur ihrer selbst bewusst wären; aber es gibt auch schon einige, die das tun.

Denn es ist so, dass zurzeit viele von Euch Menschen ganz gut mit ihrem Leben klar kommen. Aber tief in sich suchen sie einen Sinn in ihrem

Dasein, den sie noch nicht gefunden haben. Das ist auch der Grund dafür, dass Ängste, Unsicherheiten bis hin zu Depressionen besonders in der westlichen Welt, in der die meisten Dinge nur mit dem Verstand betrachtet werden und nicht über das Herz, so immens am anwachsen sind.

Das ist sehr schade, denn all diese Menschen könnten sich eine ganz andere Lebensqualität erschließen, wenn sie sich ihrer selbst als göttliche Lichtwesen und ihrer Aufgaben bewusst wären.

Und je mehr Menschen sich darüber bewusst werden, desto mehr von Euch können uns Engel bei unserer Aufgabe unterstützen. Und zwar einfach dadurch, dass sie ihre Liebe und ihr Licht strahlen lassen und an andere Menschen weitergeben. So wie du es schon getan hast, Tjorven, und jetzt noch mehr tun kannst, wenn du es möchtest.

Weißt du, Tjorven, wenn du jetzt in deine normale Alltagswelt zurückgehst, dann wäre es nicht sinnvoll, wenn du von dem hier Erlebten berichtest. Sinnvoller wäre es, wenn du dir selber darüber bewusst wirst, was du bei uns Engeln gelernt hast. Auch wenn du dies alles für einen Traum hältst, dann nimm ihn ernst, denn dahinter stecken wunderbare Möglichkeiten, wie du die Welt und vor allem dich selbst betrachten und verändern kannst.

Und das, liebe Tjorven, was du mit deinem Herzen verstanden hast, das gib liebevoll an deine Mitmenschen weiter. Erzähle deinen Mitmenschen nicht, dass du Polarlicht formen durftest, erzähle ihnen lieber, dass es sinnvoll ist, an etwas zu glauben; daran zu glauben, dass ihr alle göttliche Lichtwesen seid, und wie spannend und freudvoll es ist, in diesem Bewusstsein das Leben eigenverantwortlich zu gestalten.

Wenn du das mit der Sprache Deines Herzens deiner Familie, Freunden und Mitschülern vermittelst - ohne es ihnen aufzudrängen - dann tust du schon ganz viel. Vor allem dann, wenn du selbst davon überzeugt bist!"

„Das möchte ich gerne tun", sagte Tjorven, „aber sag, werde ich dich und die anderen Engel wieder sehen?"

„Liebe Tjorven", Raphael schaute sie liebevoll an, „Du kannst mich und die anderen Engel immer sehen; immer, wenn du es möchtest. In deinen Vorstellungen, deinen Gedanken, und wenn du betest. Du brauchst keine Angst zu haben. Wir lassen dich nicht allein; wir lassen niemanden von euch Menschen alleine. Wir stehen immer an eurer Seite. Und wenn ihr daran glaubt, dann könnt ihr auch lernen, das wahrzunehmen. Denn wir Engel sind die Vermittler, die Botschafter zwischen Gott und euch Menschen. Und wenn ihr uns um Hilfe fragt, dann helfen wir euch. Der erste Schritt muss aber immer von euch Menschen ausgehen, denn wir drängen niemandem etwas auf.

Schau, Tjorven, da stehen die beiden Engel, die dich zurückbringen werden!"

Raphael und Tjorven waren inzwischen in einem silbrig glitzernden Raum angekommen, in dem zwei lichterhafte Engelwesen Tjorven in Empfang nahmen.

„Bevor du gehst, Tjorven, sag ich dir noch folgendes:" Raphael strahlte ein Licht voller Liebe aus. „Lass alles, was du deinen Mitmenschen sagst, durch dein Herz wandern. Dein Herz wird dir mitteilen, ob das, was du sagst, für die Menschen hilfreich ist. Du, Tjorven, hast eine besondere Aufgabe. Gib dein Licht an andere Menschen weiter. Tue dies mit Besonnenheit und immer mit Freude und Humor. Denn so lange in deinem Herzen Liebe, Freude und Humor zu Hause sind, so lange wird dein Zuhause im Licht sein!"

Raphael lachte, und mit einem zärtlichen „Mach's gut, Tjorven", verabschiedete er sich von ihr.

„Auf Wiedersehen, Raphael", sagte Tjorven und

musste auch lachen. Wie einfach ihr die Welt auf einmal erschien! „Ganz, ganz vielen Dank!", rief sie ihm noch hinterher.

„Nun wird es Zeit, Tjorven", gab eins der beiden Engelwesen zu verstehen, „wir bringen dich nun zurück." Und während Tjorven diese Worte hörte, wurde alles auf einmal ganz undeutlich und dann sah sie nur noch diffuses, farbiges Licht, das sich ständig veränderte, bis auf einmal ihr Bett in ihrem Zimmer auftauchte. Tjorven erschrak etwas, aber das Lächeln der beiden Engelwesen beruhigte sie sofort.

„Das war deine Reise in die Engelwelt", hörte Tjorven jemanden sagen. „Erfreue dich daran und gebe das weiter, was du verstanden hast und von dem du selbst überzeugt bist!"

Tjorven nahm vom Gefühl her eine Art Verabschiedung wahr, dann ebbte das Licht ab, das sie die ganze Zeit umgeben hatte, und ihre Wahrnehmung erlosch.

„Guten Morgen, Tjorven", fröhlich schaute

Tjorvens Mutter in ihr Zimmer. „Wir haben schon halb zwölf, möchtest du nicht langsam aufstehen?" Die Stimme ihrer Mutter klang sanft und keineswegs vorwurfsvoll. Tjorven schüttelte sich etwas in ihrem Bett. Wo bin ich, fragte sie sich. Dann schaute sie sich kurz um, registrierte, dass sie in ihrem Zimmer war und sagte dann „Guten Morgen, Mami, lass mich noch ein bisschen wach werden, ich stehe gleich auf." „O.K., mein Schatz", sagte ihre Mutter und verschwand wieder aus dem Zimmer.

„Hui", dachte Tjorven, „was war das denn für ein Traum heute Nacht? Oder war es gar kein Traum? Es war alles so wirklich. Und ich kann mich an alles so genau erinnern!"

Tjorven war froh, jetzt alleine im Zimmer zu sein. Sie dachte noch eine Weile über das nach, was sie in der Nacht erlebt hatte. Und dann kam ihr in den Sinn, dass es völlig egal war, ob es ein Traum oder Wirklichkeit gewesen war.

Als Tjorven später beim Frühstück saß, strahlte sie von einem Ohr zum anderen. „Na, was ist denn mit dir los?", fragte ihre Mutter, „Du siehst ja so fröhlich aus!"

„Das bin ich auch, Mami", sagte Tjorven, „denn ich glaube, das wird heute ein wunderschöner Tag! Ich glaube sogar, jeder Tag wird ein wunderschöner Tag, wenn ich das nur möchte."

„Das ist eine tolle Einstellung", sagte ihre Mama beiläufig, „heute Abend gibt es auch Rentiergulasch mit Nudeln", fügte sie noch hinzu.

Tjorven lachte in Gedanken.

Sie überlegte an diesem Tag, wie sie das, was sie gelernt hatte, weitergeben könnte. Sie überlegte und grübelte und es fiel ihr auch so manche Möglichkeit ein. Aber irgendwann an diesem Tag kam Tjorven der Gedanke: „Es wird dir im richtigen Moment das Richtige einfallen, besonders dann, wenn du dir immer bewusst bist, dass du an die Engelwelt und an den lieben Gott angebunden bist." Das löste in Tjorven so viel Vertrauen aus, dass sie nicht weiter darüber nachdachte, wem sie was erzählen sollte und was nicht.

Es wurde ein wunderschöner Tag, obwohl es regnete.

Sie ging ganz alleine spazieren und genoss die Regentropfen, die auf ihre Regenkleidung prasselten. Tjorven freute sich darüber, dass sie von dem, was sie in der Nacht gelernt hatte, sofort etwas umsetzen konnte. Sie freute sich über die einzelnen Regentropfen, die auf das Blatt einer Birke fielen und von dort ihren Weg über Äste und weitere Blätter hin zum Boden fanden.

Und sie freute sich, dass sie die Engelwelt in ihrem Herzen trug.

Später am Abend - das Abendessen lag schon länger hinter ihr – brachte die Mutter Tjorven mal wieder ins Bett. Normalerweise ließ die Mutter Tjorven alleine ins Bett gehen. Nur selten noch begleitete die Mutter sie. „So, jetzt musst du aber schlafen, du hast morgen wieder einen langen Schultag." „Warte mal", sagte Tjorven plötzlich, und zog ihre Mutter zum

Fenster. „Schau mal, Mami, von hier aus schaue ich oft aus dem Fenster, um das Polarlicht zu sehen. Ich denke, das Polarlicht hat uns viel zu sagen.

Weißt du, Mami, ich bin davon überzeugt, dass uns ganz viele Wesen dabei unterstützen, wie wir unser Leben leben. Vor allem dann, wenn wir daran glauben."

Tjorven hielt inne und dann sagte sie, indem sie ihre Mutter ganz liebevoll ansah: „Es ist ganz egal, Mami, an was wir glauben. Wichtig ist nur, dass wir an etwas glauben; vor allem an uns selbst."

Tjorvens Mutter war ganz gerührt von dem, was ihr ihre Tochter erzählte. Und sie freute sich sehr, dass sie so dachte.

„Du, Mami", ergänzte Tjorven noch, „magst du mit mir beten? …"

Bildinformationen

Alle Fotos wurden vom Autor zwischen 2001 und 2003 in Mittelschweden aufgenommen (außer dem Bild auf der Buchrückseite, das am 30. Oktober 2003 bei einem der seltenen in Deutschland sichtbaren Polarlichter bei der Niederpleiser Mühle in der Nähe von Bonn entstand). Die Fotos wurden als Dia auf Fuji Provia 400f aufgenommen, mit einem Filmscanner eingescannt und so bearbeitet, dass die Druckvorlage dem Originaldia entspricht. Sämtliche Aufnahmen wurden auf Stativ mit einem 35mm-Objektiv der Lichtstärke 1:1,4 bei voller Blendenöffnung zwischen 4 und 15 sec. belichtet.

Um die Faszination der Polarlichter einem größeren Publikum zu präsentieren, hält der Autor regelmäßig Polarlicht-Dia-Vorträge (auch mit Lesungen kombiniert), bei denen die Original-Dias der Bilder hier im Buch und viele weitere gezeigt werden.

Bei Fragen zu Vorträgen, Seminaren, Beratung oder Fragen zum Thema Fotografie, Polarlichter oder Nordlandreisen wenden Sie sich bitte an den Autor (Adresse siehe Autorenportrait).

Dort können Sie auch hochwertige Polarlichtpostkarten erhalten.

Autorenportrait

Serian Torsten Kallweit, geboren am 16.07.1962 in Koblenz, beendete 1992 als Dipl. Ing. (FH) das Studium der Keramik an der Fachhochschule in Höhr-Grenzhausen im Westerwald. Nach langjähriger Berufserfahrung in der Industrie und in der eigenen kunstkeramischen Werkstatt arbeitet Serian T. Kallweit heute nach umfangreichen Ausbildungen als spiritueller Lebensberater, Seminarleiter, Schriftsteller und Fotograf.

In seinen Seminaren und Beratungen (auch Trauerbegleitung), in denen energetische Übungen zur Harmonisierung des menschlichen Energiesystems (Aura, Chakren) eine zentrale Rolle spielen, werden u.a. die kosmischen Gesetzmäßigkeiten vermittelt und Teilnehmer/Klienten können lernen, diese im Alltag bewusst zu leben.

Durch geführte Reisen auf höhere Bewusstseinsebenen kann der Lebenssinn und die Lebensaufgabe erkannt werden, und es wird möglich, sich als Lichtwesen zu erfahren, das göttliche Schöpfungskraft und göttliche Liebe ist.

Getragen werden alle Beratungen und Seminare von Serian T. Kallweit durch sein Licht als *Spiritual Guide*, das Freude, Humor und inneren Frieden ausstrahlt.

Kontakt:

Serian Torsten Kallweit
Raiffeisenstr. 36
53844 Troisdorf-Bergheim
Telefon: 0228 / 945 47 58
SerianT.Kallweit@t-online.de

Seminarangebote
des Autors

Lichtarbeit

In diesem (Basis-) Seminar werden Kosmische Gesetzmäßigkeiten vermittelt, und in meditativen Übungen können sich die Teilnehmer als schöpferische Lichtwesen erfahren, die stets den göttlichen Funken in sich tragen.

Lichtübungen (auch für die tägliche Anwendung) klären das Energiesystem der Teilnehmer und ermöglichen ihnen, die Stimme des Herzens zu verstehen und danach zu handeln.

Das Seminar findet an 3 Wochenenden statt, sowie als 6-Tages-Seminar in Nordschweden unter dem Polarlicht (ab 2005, bitte anfragen).

Jahreszeitenwechselseminare

Das Feiern der Jahreszeitenwechsel basiert auf alten Traditionen. Damals waren sich die Menschen noch ihrer Einbindung in den Rhythmus der Natur bewusst.

In diesem Seminar können die Teilnehmer die verschiedenen Energiequalitäten der Jahreszeiten erfahren und deren Kraft nutzen, um ihren persönlichen Lebensweg im Einklang mit den Gesetzmäßigkeiten der Natur bewusst zu gestalten.

Vier Seminare im Jahr.

*Jesus * Babaji * Sai Baba * Shalim*

Hochentwickelte, aus dem Göttlichen Bewusstsein kommende Lichtwesen inkarnieren sich in ihrer tiefen Liebe zu den Menschen, um sie daran zu erinnern, dass auch sie Lichtwesen und damit Göttlichen Ursprungs sind.

In diesem Seminar erfahren die Teilnehmer in

Wahrnehmungsübungen das Licht und die Liebe dieser hohen Lichtwesen und können neue Impulse und Informationen für ihren eigenen spirituellem Weg erhalten.

Das Seminar findet an 4 Tagen (mit Abständen) statt.

Spirituelle Beratung und Begleitung

In Einzelberatungen, deren Bestandteil energetische Übungen zur Harmonisierung des Energiesystems sind, können individuelle Lebensthemen bearbeitet und überholte Strukturen aufgelöst werden. So wird es möglich, das eigene schöpferische Potential und seinen eigenen göttlichen Ausdruck zu finden.

Für Menschen, die etwas verändern möchten, ist das eine spannende und liebevolle Reise zum eigenen Licht und damit zu ihrem Herzen.

Ganzheitliche Trauerbegleitung

Unterstützt durch energetische Übungen und Wahrnehmungsreisen können belastende Bindungen aufgelöst und neue Perspektiven eröffnet werden. So kann der Klient im Einklang mit dem Herzen dem Alltag lebensbejahend und in Liebe begegnen, vergangenes loslassen und den eigenen Weg wieder mit Freude, Zuversicht und innerem Frieden gehen.

Weitere Seminare, meditative Abende und Veranstaltungen auf Anfrage.

Kontakt: siehe Autorenportrait.

Aus dem weiteren Verlagsprogramm

In der Zeit - vor der Zeit
... als es begann...

Eine Farbreise in die Tiefe des Seins

Irene Schweizer

Nehme Deine Gedanken auf den Flügeln Deiner Gefühle mit und erforsche das, was „Du bist".

Die Autorin nimmt uns in ihrem Buch mit auf eine innere Farbreise, die uns dazu ermuntert, einmal inne zu halten, nachzuspüren, den inneren Raum zu erkunden, der viel weiter und größer ist, als wir allein aus dem Denken heraus für möglich halten.

ISBN 3-929046-66-0, 72 Seiten, Pb, 8,50 €

Die Frage der Königin

Gisela Holz

Diese Märchen berühren die Seele, sie eröffnen nicht nur den Zugang zur Welt der Phantasie, sondern lassen darüber hinaus die Schätze der Menschlichkeit und die Kraft der Liebe wach werden.

Der Geist wird belebt, und das Herz in seiner Tiefe berührt. So entstehen die Mysterien des Wunderns.

Ein Buch für jung und alt!

ISBN 3-929046-70-9, 88 Seiten, Pb, 8,90 €

Pheta

Meine Botschaft

Dr. Susanne Micelli

Botschaften zum Nachdenken, Lachen, Staunen, Entdecken, Wundern, Finden und „leichter" sein. Wenn man so will, ein kleiner „Wegweiser" für ein leuchtend liebevolles und beschwingtes tägliches Jetzt.

Phtea ist ein luftig lichtes, zärtliches, nebelhaftes und sehr sanftes Wesen aus einer anderen, schimmernd schönen Dimension.

Für alle jene, die ihre Stimme hören wollen, hat sie durch ein Channel 201 großartige Botschaften voller kleiner Wunder überbracht.

ISBN 3-929046-97-0, 220 Seiten, Pb, 15,50 €

Auf unserer Homepage finden Sie weitere Bücher unseres Verlagsprogramms sowie viele Informationen. Sie können auch gern kostenlos unseren Verlagsprospekt bei uns anfordern. Bestellungen für die hier vorgestellten Bücher können direkt über den Verlag vorgenommen werden, aber auch über jede gute Buchhandlung oder via Internet: www.libri.de oder www.bod.de.

spirit Rainbow Verlag
Inh. Gudrun Anders
Forsterstraße 75, 52080 Aachen
Telefon: 0241 / 70 14 721
Fax: 0241 / 446 566 8
rainbowverlag@aol.com
www.spirit-rainbow-verlag.de